GESTÃO E MOTIVAÇÃO EM EDUCAÇÃO INFANTIL

Dados Internacionais de Catalogação na Publicação (CIP)
(Câmara Brasileira do Livro, SP, Brasil)

Marotz, Lynn R.
Gestão e motivação em educação infantil / Lynn R. Marotz, Amy Lawson ; tradução Ez2 Translate ; revisão técnica Denise D'Aurea Tardeli. -- São Paulo : Cengage Learning, 2012.

Título original: Motivational leadership in early childhood education
ISBN 978-85-221-1179-4

1. Educação de crianças - Orientação profissional 2. Liderança educacional 3. Motivação em educação I. Lawson, Amy. II. Título.

12-02523 CDD-372.12

Índice para catálogo sistemático:

1. Educação de crianças : Orientação profissional 372.12

GESTÃO E MOTIVAÇÃO EM EDUCAÇÃO INFANTIL

Lynn R. Marotz Amy Lawson

Tradução
Ez2Translate

Revisão técnica
Denise D'Aurea Tardeli
Graduada em Psicologia e Pedagogia com mestrado em Educação e doutorado em Psicologia Escolar do Desenvolvimento Humano, ambos pela USP.
Pesquisadora na área de Psicologia Moral e Educação em Valores.
Professora universitária

CENGAGE Learning

Austrália • Brasil • Japão • Coreia • México • Cingapura • Espanha • Reino Unido • Estados Unidos

CENGAGE Learning®

Gestão e motivação em educação infantil
Lynn R. Marotz e Amy Lawson

Gerente Editorial: Patricia La Rosa

Supervisora Editorial: Noelma Brocanelli

Supervisora de Produção Editorial: Fabiana Alencar Albuquerque

Editor de Desenvolvimento: Fábio Gonçalves

Título original: Motivational leadership in early childhood education
ISBN-13: 978-1-4180-1868-9
ISBN-10: 1-4180-1868-6

Tradução: Ez2translate

Revisão técnica: Denise D'Aurea Tardeli

Copidesque: Luicy Caetano de Oliveira

Revisão: Luicy Caetano de Oliveira e Fernanda Batista dos Santos

Diagramação: Cia. Editorial

Capa: Manu Santos Design Estratégico

Para informações sobre nossos produtos, entre em contato pelo telefone **0800 11 19 39**

Para permissão de uso de material desta obra, envie seu pedido para **direitosautorais@cengage.com**

ISBN-13: 978-85-221-1179-4
ISBN-10: 85-221-1179-0

Cengage Learning
Condomínio E-Business Park
Rua Werner Siemens, 111 – Prédio 20 – Espaço 04
Lapa de Baixo – CEP 05069-900
São Paulo – SP
Tel.: (11) 3665-9900 – Fax: (11) 3665-9901
SAC: 0800 11 19 39

Para suas soluções de curso e aprendizado, visite **www.cengage.com.br**

Impresso no Brasil.
Printed in Brazil.
1 2 3 4 5 6 7 13 12 11 10 09

Sumário

Prefácio

Introdução

Os gestores de qualquer organização afirmam que uma de suas principais preocupações é manter os funcionários motivados, uma vez que a motivação exerce papel fundamental no recrutamento e na manutenção de pessoal. Entretanto, a motivação para a liderança é especialmente importante para as escolas de educação infantil, em parte, em decorrência dos recursos limitados e das condições de trabalho desafiadoras normalmente presentes em tais ambientes.

Apesar da relação com o sucesso de uma organização, pouco tem sido relatado sobre motivação e técnicas motivacionais que sejam relevantes e apropriadas ao campo da educação infantil. Numerosos recursos sobre o assunto podem ser encontrados com facilidade, porém, geralmente, foram escritos de uma perspectiva corporativa. Embora os princípios fundamentais tenham aplicação universal, as necessidades e condições singulares presentes nas escolas de educação infantil fazem necessária uma seleção meticulosa para tornar o tema mais adequado a esses ambientes.

O público-alvo

Escrevemos o livro *Gestão e motivação em educação infantil* especificamente para os gestores da área infantil – aqueles que hoje atuam em cargos de liderança – e os estudantes em formação. O nosso objetivo é ajudá-lo a compreender e a valorizar a teoria, a aplicação e os princípios fundamentais das estratégias motivacionais para melhorar o ambiente, a produtividade e o comprometimento constante dos funcionários. Acreditamos que o livro seja relevante para:

- Gestores e docentes da área de educação infantil que estejam trabalhando em ambientes diversificados.

- Estudantes em busca de capacitação na área infantil.
- Indivíduos interessados em desenvolver habilidades de liderança.
- Estagiários, capacitadores docentes que ministram cursos de capacitação em serviço e especialistas educacionais.
- Qualquer pessoa que queira aprender técnicas motivacionais eficazes.

Organização e conteúdo

Escrevemos *Gestão e motivação em educação infantil* com dois pressupostos em mente. Antes de tudo, acreditamos que os gestores motivados *podem ser encontrados em todas as organizações*. Embora alguns possam ter títulos oficiais, como diretor ou coordenador de escola de educação infantil, os gestores motivados podem, também, ser gerentes, professores efetivos, coordenadores de equipe ou assistentes. Em outras palavras, todos que tomam decisões, tutores ou aqueles que encorajam o desempenho de outros funcionários apresentam qualidades de liderança. É essa a acepção que utilizaremos para o termo *gestor* conforme discutiremos sobre a motivação para a liderança neste livro.

O segundo ponto diz respeito ao conceito de motivação em si e sua aplicação no ambiente de trabalho. O comportamento humano é motivado por uma série contínua de necessidades (por exemplo, físicas, sociais, emocionais, de autoestima) e pela necessidade por satisfazê-las quando surgem. Diferenças nas experiências e nos históricos pessoais exercem influência sobre aquilo que os indivíduos percebem como uma necessidade e sobre o que é necessário para satisfazê-la. Portanto, as necessidades de todos diferem e costumam mudar com o passar do tempo. Além disso, a motivação não se trata, simplesmente, de uma ação, um processo ou a atitude de uma pessoa em relação a outra. Pelo contrário, é um catalisador que auxilia um indivíduo a satisfazer suas necessidades pessoais. Nossa finalidade é ajudar o gestor motivado a desenvolver e implementar estratégias que vão, por sua vez, ajudar os funcionários a, gradativamente, assumir a responsabilidade por sua própria motivação, que é a forma mais duradoura do paradigma motivacional.

O material incluso nesta edição é dividido em duas seções. A Seção I fornece uma visão geral sobre:

- As condições de trabalho atuais e os fatores que contribuem para uma crescente demanda por escolas de educação infantil.
- Por que as pessoas trabalham e o que elas querem de seus cargos e funções.

- A teoria motivacional básica e como essas informações podem ser aplicadas para satisfazer as necessidades motivacionais dos funcionários.
- Como os gestores podem empregar suas habilidades e estilos de liderança para alcançar resultados.

Na Seção II, enfocamos a aplicação das práticas motivacionais, incluindo:

- Ideias práticas e criativas para motivar o sucesso do funcionário.
- Incentivos organizacionais para encorajar o comprometimento e a produtividade do funcionário.
- Estratégias para a abordagem de desafios futuros da liderança.

Recursos especiais

Vários recursos pedagógicos especiais foram incorporados neste livro a fim de promover a compreensão, o domínio e a aplicação das informações fornecidas, incluindo:

- Objetivos e termos-chave para enfatizar os conceitos importantes de cada capítulo; estes são destacados no texto e incluídos no glossário no fim do livro.
- Ligando os pontos para ajudar os leitores a relacionar o conteúdo do capítulo a situações cotidianas.
- Pontos de discussão para estimular o pensamento crítico e encorajar as discussões em grupo.
- Uma visão geral de teorias motivacionais eminentes para auxiliar na compreensão da finalidade e da importância da motivação para a gestão no local de trabalho.
- Exemplos de práticas motivacionais compartilhadas por gestores competentes da área.
- Apêndices com recursos e referências adicionais.

Agradecimentos

Primeiramente, os autores gostariam de reconhecer os gestores da área infantil que, atualmente, colocam o estilo de motivação para a liderança em prática e aqueles que possuem interesse em aperfeiçoar suas habilidades motivacionais. Seus esforços dedicados a atrair, motivar e manter professores de destaque continuam melhorando a qualidade da educação infantil.

As autoras também desejam expressar seu agradecimento a inúmeras pessoas especiais cujo encorajamento e assistência técnica auxiliaram na realização deste projeto. Antes de tudo, estamos em débito com a Cengage Learning e sua excepcional equipe editorial da Early Childhood Division por sua prudência em apoiar a realização de um livro sobre tão importante tema. Somos especialmente gratos à Erin O'Connor, Philip Mandl, Stephanie Kelly e à equipe de produção pelo incentivo, pelas gentis sugestões, pela orientação e competência em transformar uma ideia em realidade. Também oferecemos nossos sinceros agradecimentos aos revisores que contribuíram com comentários e sugestões inestimáveis. São eles: Jody Martin, Crème de la Crème, Golden, CO; Michelle Rupiper, Ruth Staples Lab School e Nebraska University – Lincoln; Stacy Leighton, Creative Childcare Solutions, Seneca, SC; Kathleen Cranley Gallagher, professora-assistente, Escola de Educação, University of North Carolina, em Chapel Hill; Karen Liebler, CEO, Children's Kastle Early Learning Centers, Lithia, FL; Marilyn Rice, mestre em Educação, diretora pedagógica e de formação, Tuckaway Child Development and Early Education Centers, Richmond, VA; Maggie Connolly, diretora, Frank Porter Graham Child Care Center, em Frank Porter, Graham Child Development Institute, University of North Carolina, em Chapel Hill.

Seção 1

COMPREENDENDO O QUE É MOTIVAÇÃO

Capítulo 1

O ambiente infantil: desafios específicos no local de trabalho

Zhang Bo/Photos.com

Objetivos

Após a leitura deste capítulo, você vai ser capaz de:

- Explicar como as condições de trabalho nas escolas de educação infantil contribuem para a rotatividade de funcionários.
- Descrever diversos fatores que geralmente contribuem para a insatisfação do funcionário no trabalho.
- Identificar os sinais clássicos do *burnout* (esgotamento psicológico).
- Discutir as diversas expectativas que os funcionários têm ao aceitar um emprego.
- Discutir como os gestores podem aplicar estratégias motivacionais para atrair e manter funcionários qualificados.

Palavras-chave

- desligamento
- *burnout* (esgotamento psicológico)
- coleguismo
- demográfico
- estresse
- permanência
- subjetivo
- Teacher Education and Compensation Helps – TEACH
- taxa de rotatividade
- WAGE$®

"A visão é, realmente, sobre capacitar os trabalhadores, fornecer a eles todas as informações a respeito do que acontece de modo que possam realizar muito mais do que fizeram no passado."
Bill Gates

Introdução

O campo de trabalho ligado aos cuidados infantis emprega aproximadamente 2,3 milhões de cuidadores e professores da educação infantil (Center for the Child Care Workforce, 2004). Você sabia que:

- Desse número, aproximadamente 75% são autônomos com ou sem grau de parentesco que trabalham em domicílio?[1]
- Mais de um terço de todos os cargos constituem empregos de período parcial sem benefícios?[2]
- Mulheres com idades entre 20 e 44 anos constituem 62% da força de trabalho do cuidado à criança e da educação infantil (Tabela 1-1) (Bureau of Labor Statistics, 2004)?
- Professores de educação infantil estão entre os trabalhadores que recebem a menor remuneração em comparação a qualquer outra profissão?
- Menos de 31% possuem formação superior (Saluja, Early e Clifford, 2002)?[3]

À medida que a educação infantil progride na busca pelo reconhecimento profissional e pelo *status*, continua a enfrentar diversos desafios no dia a dia do trabalho. Uma preocupação importante em qualquer organização é o recrutamento e a permanência de funcionários talentosos, porém essa é uma questão especialmente crítica no campo da educação infantil. As habilidades motiva-

[1] Relatório: Estatísticas dos Professores no Brasil – INEP – 2003. Para mais informações, veja o site: http://www.sbfisica.org.br/arquivos/estatisticas_professores_INEP_2003.pdf. (NRT)

[2] No setor público, a assistência técnica do MEC aos municípios, estados e DF está vinculada à elaboração do Plano de Ações Articuladas (PAR) a partir do lançamento do Plano de Desenvolvimento da Educação (PDE) de 2007. Todos os gestores que elaboram o plano podem receber assistência. Maiores informações no site: http://portal.mec.gov.br. (NRT)

[3] Conforme o censo estatístico de janeiro de 2011, o total de professores de pré-escola no Brasil é de 258.225, sendo 40.106 *com* curso específico e 218.119 *sem* curso específico. Na região Sudeste concentra-se o maior número de professores (104.120), sendo 20.747 *com* curso específico e 83.373 *sem* curso específico. Maiores informações no site: http://portal.inep.gov.br/basica-censo-escolar-sinopse-sinopse. (NRT)

Tabela 1-1 Porcentagem de funcionários da área da primeira infância por faixa etária (2002)[4]

Faixa etária	Serviços de cuidados infantis	Todas as áreas
Total	100,0	100,0
16 a 19 anos	8,0	4,6
20 a 24 anos	14,9	9,8
25 a 34 anos	24,7	22,2
35 a 44 anos	23,1	25,8
45 a 54 anos	18,2	22,9
55 a 64 anos	8,7	11,5
65 anos ou mais	2,4	3,2

Fonte: Bureau of Labor Statistics, U.S. Department of Labor, *Career Guide to Industries*, 2004-2005, Child Daycare Services (http://www.bls.gov/oco/cg/cgs032.htm).

cionais, que é o enfoque deste livro, oferecem aos gestores uma ferramenta eficaz para atrair e manter pessoal qualificado.

Neste capítulo, vamos examinar informações importantes sobre profissionais que trabalham com a primeira infância. Os gestores devem compreender seus funcionários a fim de serem motivadores eficazes. Veremos as razões fundamentais pelas quais as pessoas escolhem trabalhar e exercer profissões na área da educação infantil. Por fim, vamos discutir o que os funcionários querem e esperam de seus empregadores.

A educação infantil como opção de carreira

O que atrai as pessoas ao campo da educação infantil? Por que algumas pessoas acreditam que ensinar crianças pequenas é uma escolha de carreira satisfatória? A maioria dos professores identifica as risadas das crianças, o entusiasmo em aprender e a fascinação interminável como qualidades que causam interesse em trabalhar com crianças pequenas e suas famílias (Liston, 2004; Papanastasiou e Papanastasiou, 1997). Eles descrevem o trabalho como pessoalmente gratificante e recompensador, além de sentirem prazer em apresentar às crianças

[4] No Brasil, conforme o Censo de 2012, 6.756.698 crianças estavam matriculadas na pré-escola, significando que há funcionários para trabalhar com a primeira infância para esse contingente. (NRT)

novas ideias, encorajar seus esforços, estimular seu entendimento e promover seu desenvolvimento.

Professores de educação infantil, especialmente aqueles com formação avançada e experiência, estão cada vez mais tendo seus serviços requisitados.[5] Novos estabelecimentos estão sendo criados enquanto os existentes vêm passando por expansões no que diz respeito à responsabilidade social e às mudanças **demográficas**. De acordo com o Bureau of Labor Statistics (2005), atualmente 70,4% das mães com filhos menores de 18 anos fazem parte da força de trabalho e 62,2% dessas mães têm filhos com menos de 6 anos. Esses números tendem a aumentar significativamente nos próximos anos. Além disso, algumas famílias estão optando por matricular seus filhos em escolas de educação infantil[6] com base em evidências conclusivas que demonstram os benefícios da participação em cursos de aprendizagem precoce de qualidade (National Research Council and Institute of Medicine, 2000; NICHD, 1998, 2000).

De modo geral, esses desafios levam a uma escassez de professores qualificados na área de educação infantil (Bureau of Labor Statistics, 2005). Esse problema deve-se ao fato de um número relativamente alto de professores de educação infantil abandonar a área a cada ano e também por poucos estudantes matricularem-se em cursos de formação de professores, escolhendo, em vez disso, áreas acadêmicas que sejam mais bem remuneradas. A decorrente escassez de professores levará os gestores de creches e escolas de educação infantil a enfrentar grandes desafios e também aumentará a urgência de se compreender como utilizar a motivação de modo eficaz a fim de recrutar e manter funcionários essenciais.

---

[5] Na realidade brasileira, de modo geral, os professores de educação infantil são aqueles que estão iniciando na profissão; recém-formados em Pedagogia querem trabalhar com esta faixa etária por pensarem que é mais fácil lidar com crianças. Nos últimos tempos, houve muita procura para trabalhar com esta faixa etária, não por causa da competência dos professores (formação) ou pela valorização destes profissionais, mas porque foram abertas muitas creches e escolas de educação infantil, principalmente no Estado de São Paulo. Houve incentivo do Banco Central, destinando verbas para este setor, além da reestruturação da própria pré-escola a partir da implantação do ensino de 9 anos, instituído em 2006. (NRT)

[6] As creches e escolas de educação infantil, no Brasil, são de responsabilidade dos órgãos públicos, as secretarias municipais, e procuram ter um caráter educacional. A manutenção, destinação de verba, contratação de professores é uma questão política. Em muitas secretarias nem é preciso ser professor, basta ter o 2º grau. Nas escolas particulares temos os hoteizinhos, que têm caráter assistencial, de cuidados. (NRT)

Condições desafiadoras

A **permanência** de funcionários qualificados é a principal preocupação de qualquer área, porém pode trazer consequências particularmente sérias para as escolas de educação infantil. De acordo com o Center for the Child Care Workforce (2004), a **taxa de rotatividade** existente entre os profissionais da educação infantil é de cerca de 31%. Este número é, aproximadamente, uma vez e meia mais alto do que o número médio para outras áreas (Bureau of Labor Statistics, 2004). A perda de pessoal resulta em altos custos para a organização/escola, tanto diretos como indiretos, incluindo os custos associados ao recrutamento, à recontratação e ao treinamento dos novos funcionários.

Ademais, esse aspecto pode causar uma queda na qualidade do serviço prestado e contribuir para a diminuição do interesse dos funcionários remanescentes.

Fatores econômicos, no entanto, são secundários no que diz respeito a efeitos negativos e de longo prazo que a acentuada taxa de rotatividade exerce sobre o desenvolvimento das crianças (Helburn e Howes, 1996; National Research Council and Institute of Medicine, 2000; Rushton, 2001). Relações estáveis e consistentes entre o professor e a criança mostraram-se fundamentais à saúde emocional delas e também à sua capacidade de autorregulação comportamental (Schore, 2001; Whitebrook, Phillips e Howes, 1993). A rotatividade frequente de pessoal produz uma sensação de perda e insegurança entre as crianças e também está relacionada a atrasos significativos no desenvolvimento social e da linguagem (Lamb, 2000; NICHD, 2000).

Palavra do diretor

Como você acha que deve ser o relacionamento sadio entre os funcionários da escola em que atua?

"Considero um relacionamento sadio quando os funcionários estão dispostos a endossar a missão de uma instituição e estão comprometidos em atender às necessidades das crianças e dos membros da instituição. Também significa que os funcionários sentem-se confortáveis em discutir seus problemas, preocupações e ideias, a fim de não levar estes sentimentos para casa."

Michelle Scott
Diretora do centro de educação infantil
Ballard Community Center, Lawrence

Então, por que a educação infantil se encontra nesta situação caótica? O que leva os professores a abandonar a área com tanta frequência? Diferentemente de outras formas de ensino, o cuidado e a educação de crianças pequenas apresentam inúmeros desafios e responsabilidades singulares, incluindo:

- Atender às necessidades físicas das crianças, como alimentação, higiene e sono.
- Atender a uma população com habilidades de linguagem, motoras ou sociais nulas ou limitadas.
- Ensinar e cuidar de crianças de diversas idades inseridas em um único grupo.
- Manter um ambiente seguro e sadio para crianças pequenas que estejam expostas a riscos de lesões ou doenças.
- Identificar crianças com possibilidades de problemas de desenvolvimento e providenciar um serviço apropriado de intervenção.

Além disso, as condições de trabalho em diversos estabelecimentos não costumam ser ideais. Algumas das preocupações mais citadas são:

- Longos turnos de 8 a 12 horas diárias.[7]
- Baixos salários.
- Falta de benefícios trabalhistas, como: plano de saúde, planos de aposentadoria, férias remuneradas e faltas remuneradas por motivo de doença.[8]
- Falta de cursos de formação acessíveis.[9]
- Cursos limitados de aperfeiçoamento.[10]
- Estresse causado por grandes responsabilidades tanto físicas como emocionais.
- Constante rotatividade de pessoal, o que resulta na escassez de funcionários.

[7] Longos períodos são observados somente para hoteizinhos, e, dependendo da cidade, para algumas creches ou escolas de educação infantil. (NRT)

[8] Isso vale apenas para os professores não concursados. (NRT)

[9] Para os próximos anos deverá ser exigida a formação em 3º grau, em Pedagogia, segundo determinações do MEC. (NRT)

[10] No Brasil, há uma certa variedade de cursos em universidades particulares e um programa do MEC – Plano Nacional de Formação de Professores da Educação Básica Parfor –, que capacita professores, porém, estes precisam ter o incentivo das secretarias de educação ou de seus diretores, no caso de escolas particulares, para que frequentem estes cursos que geralmente são noturnos. Os professores precisam requerer a verba para transporte e também renegociar o horário de trabalho para chegarem a tempo às aulas. São direitos dos professores em exercício, muitas vezes desconhecidos. (NRT)

- Falta de reconhecimento profissional.
- Recursos limitados para a aquisição de suprimentos e equipamentos.

Algumas preocupações, como estresse e muitas horas de trabalho, provêm da própria natureza da profissão em que se lida com a primeira infância e serão abordadas nos capítulos seguintes. Outras, como salários, representam um desafio diferente. O progresso na abordagem das injustiças salariais tem sido difícil e lento em decorrência de inúmeros fatores não relacionados. Um deles diz respeito ao sexo: historicamente, os salários das mulheres em quase todas as profissões são defasados em relação aos salários dos equivalentes do sexo masculino. Pelo fato de as mulheres constituírem a maior parte do grupo de profissionais de educação infantil, os salários, tradicionalmente, permaneceram baixos. Um segundo fator é a falta de um conjunto uniforme de requisitos educacionais básicos para professores da educação infantil, o que torna difícil lutar por salários mais altos e justificá-los (Saluja, Early e Clifford, 2002; Snow, Teleki e Reguero-de-Atiles, 1996). Os estados, de forma individual, atualmente são livres para estabelecer suas próprias normas de qualificação, o que levou a uma grande inconstância. Em vários estados, o desejo de se trabalhar com crianças e um diploma equivalente ao do ensino médio são as únicas qualificações necessárias para adquirir emprego em uma escola de educação infantil. Contudo, conforme o nível geral de preparação educacional dos professores progride, a remuneração também deve aumentar. Em terceiro lugar, um frequente equívoco sobre o papel fundamental que os professores de educação infantil exercem em promover o desenvolvimento de crianças pequenas e uma suposição de que "qualquer um pode cuidar de crianças" impedem a criação de uma po-

Ligando os pontos

Há dois meses, você foi contratado como professor-assistente de uma sala de maternal do See Saw Center. Como a professora efetiva foi promovida a outro cargo, o diretor solicitou que você assumisse as responsabilidades dela em classe. Este é seu primeiro emprego e você teve apenas algumas aulas sobre a primeira infância na faculdade.

- O que acha de ser convidade a assumir a posição de professor efetivo?
- Você se sentiria adequadamente preparado para assumir este grau de responsabilidade? Por quê?
- Você acredita que, se não aceitar o cargo, sua decisão pode colocar futuras oportunidades de promoção em risco? Explique.
- Suponha que você seja o diretor. O que pensaria sobre um funcionário que recusou seu convite para assumir um cargo de professor efetivo?

lítica pública e o apoio ao aumento de salários. Por fim, altas taxas de rotatividade continuam a desgastar as bases sólidas de comprometimento necessárias para alcançar e manter mudanças em longo prazo. Apesar de o campo de atuação de cuidado e educação de crianças ser relativamente vasto, não é bem organizado e, consequentemente, não apresenta uma frente de trabalho forte e unificada.

Desafios no local de trabalho

As qualidades que tornam o campo da educação infantil atrativo aos professores foram mencionadas no início deste capítulo. Entre elas estão o entusiasmo e o desejo de fazer a diferença nas vidas das crianças. Para muitos professores, o trabalho permanece energizante, estimulante e satisfatório por anos. Todavia, outros podem ficar desiludidos e insatisfeitos em decorrência das condições de trabalho frequentemente estressantes e às demandas que envolvem cuidar de crianças muito pequenas. Alguns professores sentem que seus esforços e contribuições não são valorizados. Outros, simplesmente não possuem formação adequada ou experiência em educação infantil e, portanto, encontram-se despreparados para desenvolver ambientes de aprendizagem significativos ou para lidar, de forma positiva, com o comportamento difícil de algumas crianças. A insatisfação no trabalho percebida e prolongada, normalmente, incentiva funcionários talentosos da área da primeira infância a abandonar a profissão e ir em busca de outros interesses. Por sua vez, a saída de amigos e colegas pode contribuir para um senso de perda, frustração e pouco interesse por parte dos outros funcionários. A consequente escassez de pessoal pode também trazer a necessidade de um remanejamento de responsabilidades, o que aumenta o encargo e o estresse dos professores remanescentes.

O estresse

Todo mundo sofre de **estresse** de tempos em tempos. Todos nós falamos a respeito desse assunto no local de trabalho, geralmente, de uma maneira que acaba por gerar uma atmosfera negativa. Porém uma breve reflexão revela que o estresse nem sempre é algo nocivo. Pode ajudar a despertar interesse, aumentar os níveis de energia, melhorar a produtividade e o desempenho e nos manter motivados pessoal e profissionalmente. A ausência de estresse pode nos levar ao desânimo e ao desinteresse. A maioria das pessoas sofre de estresse moderado em sua vida cotidiana e, muitas vezes, até o procura, apesar de saber que pode encontrar obstáculos no meio do caminho. Por exemplo, os atletas treinam e competem, estudantes voltam a se matricular em cursos desafiadores a cada semestre, as pessoas tomam a iniciativa e começam novos trabalhos e principiantes tentam aprender uma nova habilidade – outro idioma ou a tocar um instrumento musical. O estresse de curto prazo pode ser revigorante. No entanto, o estresse excessivo ou prolongado pode levar a uma série de problemas de ordem física ou psicológica (Jamison, Wallace e Jamison, 2004). O segredo é encontrar um equilíbrio saudável entre o estresse inexistente e o demasiado a fim de evitar seus efeitos negativos.

Do mesmo modo, é importante compreender que o estresse é uma experiência individual e que afeta as pessoas de diversas maneiras. Por exemplo, dois professores podem deparar-se com a mesma mãe irritada, porém reagir de maneira completamente diferente. Um professor pode se sentir ameaçado e ficar visivelmente perturbado, enquanto o outro pode ser capaz de compreender as reclamações da mãe e, calmamente, conversar sobre suas preocupações. O que leva cada um desses professores reagir de modo diverso à mesma situação?

Primeiramente, o estresse é uma reação **subjetiva** com base na interpretação de certo evento por parte de um indivíduo e na forma como essa interpretação vai afetá-lo. Diferenças na personalidade, bem como experiências de vida, habilidades inatas e mecanismos de enfrentamento levam as pessoas a perceberem os eventos como ameaçadores ou desafiadores. Portanto, determinado diretor que anuncia que a escolinha vai ser aberta uma hora mais cedo não pode esperar que todos os professores fiquem contentes com a decisão.

Em segundo lugar, a natureza e o número de estressores adicionais que uma pessoa venha a enfrentar também podem exercer influência sobre suas reações. Por exemplo, um professor-titular que permaneceu sem assistente por vários dias por motivo de doença pode ficar irritado quando o diretor informar que foram matriculadas em sua sala duas novas crianças portadoras de necessidades especiais. Provavelmente, em circunstâncias comuns, o professor não reagiria dessa maneira. Contudo, a combinação dos sentimentos de estresse, frustração e falta de controle sobre a decisão tomada pode levá-lo a reagir de forma incomum.

Estudos concluíram que, quanto maior o controle que os indivíduos possuem sobre determinada situação, menos estressante esta vai parecer (Bond e Bunce, 2001; Schaubroeck e Fink, 1999). Envolver os professores em decisões que afetam diretamente seu trabalho ou sua vida pessoal pode ser uma estratégia eficaz para reduzir o elemento surpresa inicial e o estresse que eles poderiam sentir. Doença ou dor, dormir mal, problemas pessoais ou concessão demasiada de tempo e energia podem intensificar o estresse de um indivíduo. Logo, para a manutenção da boa saúde e evitar o **esgotamento nervoso** precoce, é importante que professores e diretores da educação infantil aprendam e pratiquem estratégias de redução do estresse em sua vida cotidiana (Quadro 1-1).

- Aproveite oportunidades para o aprendizado de novas informações e habilidades que aumentem a eficiência no trabalho.
- Aprenda e pratique estratégias de gerenciamento de tempo.
- Mantenha um estilo de vida saudável: durma bastante, exercite-se diariamente e mantenha uma dieta nutritiva.
- Desenvolva novos interesses, *hobbies* e outros meios de liberar a tensão.
- Afilie-se a organizações profissionais, expanda sua rede de contatos com outros educadores infantis e torne-se um defensor ativo em favor das crianças pequenas.
- Haja de modo espontâneo de vez em quando: faça uma viagem não planejada, saia para dar uma volta, vá a um evento esportivo, coma fora, visite um museu.
- Pratique técnicas de relaxamento progressivas. Reserve alguns minutos todos os dias para relaxar e tirar um cochilo.
- Reserve um tempo para si todos os dias: leia seu livro preferido, ouça música, assista a um filme ou a seu programa de TV favorito, faça uma longa caminhada.

Quadro 1-1 Estratégias de redução do estresse para professores e diretores.

Ligando os pontos

Lembre-se de seu pior trabalho como funcionário assalariado.

- O que o levou a procurar por esse trabalho?
- Por que você aceitou?
- Identifique os fatores que o levaram a não gostar do emprego.
- Quais agentes motivadores seu supervisor deveria ter oferecido para melhorar sua satisfação com relação ao trabalho?

Satisfação no trabalho

Estressores crônicos no trabalho causam danos ao vigor físico e emocional dos professores e, gradativamente, levam à condição conhecida como *burnout* (esgotamento nervoso) (Bright e Calabro, 1999; Murphy, 1996) (Quadro 1-2). Nos estágios iniciais do *burnout*, atrasos e faltas podem ocorrer com frequência ou os professores podem não estar dispostos a assumir ou voluntariar-se a quaisquer responsabilidades extras. Eles podem tornar-se defensivos e dizer coisas como

"Estou trabalhando o máximo possível" principalmente em conversas informais. Os membros da equipe podem demonstrar falta de motivação, aumento de irritabilidade, ressentimento e reclamar com frequência das condições de trabalho, dos colegas, do diretor ou de praticamente tudo. Por fim, o comprometimento deles com a escola pode ser desestimulado e acabam por sair. Alguns funcionários ficam esgotados sem sentir frustração ou estresse. Os sintomas podem ser caracterizados pela perda de interesse pela rotina de trabalho, tarefas repetitivas ou responsabilidades que exijam pouca ou nenhuma criatividade.

Certo funcionário que esteja sofrendo de esgotamento pode apresentar um ou mais dos seguintes sintomas:

- Perda de interesse, criatividade e capacidade de concentração.
- Aumento da sensação de não ser aceito.
- Queixas constantes.
- Comportamento defensivo.
- Falta de energia.
- Dificuldade para dormir.
- Falta de apetite.
- Incapacidade de se divertir.
- Diminuição na interação e na comunicação com os colegas.
- Depressão e tristeza.
- Faltas e atrasos frequentes.

Quadro 1-2 Sinais do esgotamento potencial.

São ainda momentos críticos na carreira de um professor quando a insatisfação no trabalho, bem como desistências prematuras atingem um ponto máximo. Os mais altos índices de **desligamento** ocorrem entre o primeiro e o quinto ano, quando os professores decidem entre permanecer na mesma escola de educação infantil ou não. Entretanto, as razões de desistência no primeiro e no quinto ano são muito diferentes. Os professores que estão no primeiro ano de trabalho na escola são mais suscetíveis a sentirem-se frustrados com as condições oferecidas e com as expectativas relacionadas ao emprego e, então, saem. Os professores que permanecem na mesma escola de educação infantil por quatro ou cinco anos podem ficar desiludidos por notarem a falta de oportunidades de promoções ou por sentirem que suas expectativas não foram alcançadas. Em consequência, eles optam tanto por procurar outro emprego na área da educação infantil como por abandonar a área de vez e iniciar uma nova carreira.

Gestores de escolas de educação infantil podem prever e abordar vários desses problemas potenciais se compreenderem o estresse e seu efeito sobre as decisões de carreira dos funcionários. O reconhecimento precoce de indícios comportamentais, geralmente, oferece aos gestores uma oportunidade de intervir antes de a situação atingir um estágio possivelmente crítico. Gestores eficazes vão descobrir que investir um pouco de tempo todos os dias em tais esforços pode resultar em recompensas significativas no que diz respeito a revitalizar as carreiras dos professores e reter funcionários qualificados (Curbow et al., 2000). Inúmeras estratégias motivacionais podem ser implementadas a fim de reduzir o estresse dos funcionários, aumentar a autoestima dos professores e criar um ambiente de trabalho divertido. Descrições detalhadas de diversas abordagens motivacionais serão apresentadas nos capítulos subsequentes.

Por que trabalhar?

As pessoas procuram emprego por diversas razões. Entre as mais comuns estão:

- Considerações financeiras e renda fixa.
- Satisfação pessoal.
- Oportunidade de contribuir profissionalmente para um empreendimento/escola de educação infantil.

Cada um desses fatores está sujeito a outras influências, tais como: a fase da carreira de um funcionário, o histórico cultural, a etnia e o prestígio e reforço relacionados ao cargo.

Muitos gerentes e supervisores ignoram agentes motivadores importantes que levam as pessoas a fazer parte da força de trabalho. Eles não conseguem compreender o objetivo do funcionário, como indivíduo, em relação ao emprego e as razões que o levaram a trabalhar em determinada escola de educação infantil. Compreender que cada funcionário, como indivíduo, possui diferentes objetivos para serem trabalhados é essencial, considerando que os gestores devem ser eficazes em atender às necessidades motivacionais. Por exemplo, alguns funcionários dependem de uma fonte de renda fixa para pagar as despesas básicas com sobrevivência ou fazer aquisições especiais, como um carro novo, uma viagem, aparelhos eletrônicos ou *hobbies*. Funcionários que possuem famílias podem sentir obrigação social de ter um trabalho seguro ou de servir de exemplo a seus filhos. Em consequência, funcionários que trabalham por razões financeiras são mais propensos a se motivar por aumentos salariais, bonificações ou recebimento de ingressos para ir ao cinema, refeições em restaurantes ou filiação em academias. Já um funcionário que trabalhe para satisfação de certa necessidade social pode preferir uma promoção ou mudança de cargo.

Algumas pessoas gostam de trabalhar por razões além das financeiras. Elas acham que trabalhar promove a satisfação e que é uma forma de ratificar o próprio senso de valorização pessoal. O desempenho no trabalho oferece a esses funcionários oportunidade de mostrar suas habilidades e capacidades. Seu senso de valorização pessoal é ratificado por meio da avaliação e do reconhecimento de seus esforços por parte dos supervisores e colegas. O local de trabalho também pode ser um lugar no qual ocorre a socialização e estabelecem-se amizades com colegas que compartilham os mesmos interesses. Os gestores podem propiciar um ambiente de trabalho que motive esses funcionários por meio do planejamento de eventos sociais ocasionais, bem como: piqueniques, partidas de vôlei, churrascos, excursões esportivas, jantares de reconhecimento, comemorações de aniversário ou sessões de cinema.

Palavra do diretor

Quais desafios motivacionais você enfrenta atualmente?

"Estou constantemente buscando encontrar maneiras de encorajar o pessoal a estar sempre atualizado em relação às tendências educacionais e progressos da primeira infância e a continuar o trabalho na educação infantil. Luto, continuamente, para manter altos padrões de cuidado e educação e para resistir à tentação de voltar às velhas rotinas, por estas serem mais confortáveis. Tento encorajar o pessoal a pensar de forma inovadora e a desafiar o desenvolvimento das crianças, assim como seu próprio."

Patricia Maddox, diretora
Dealey Child Care Center
Presbyterian Hospital of Dallas

Ainda assim, outros funcionários desejam demasiadamente trabalhar em áreas para as quais possam contribuir de modo significativo. Preferem funções que possam aproveitar suas habilidades e que ofereçam flexibilidade e certa liberdade no local de trabalho. Muitos desses indivíduos acreditam que a profissão de professor, especialmente na área da educação infantil, é a escolha de carreira ideal, pois entendem que podem fazer diferença na vida das crianças. Posto que o ensino é uma área bastante orientada para o ser humano, qualidades pessoais como ser educado, cuidadoso, paciente, possuir habilidades de organização, liderança e capacidades criativas são altamente desejáveis. Os gestores podem incentivar e apoiar essas características oferecendo condições que encorajem a autonomia, cursos para aprimoramento de habilidades, desafios apropriados, atribuições em projetos ou responsabilidades especiais e esforços para o engajamento dos pais na educação dos filhos.

Reconhecer os funcionários como indivíduos aumenta a capacidade de um gestor de motivar o desempenho e de propiciar um ambiente no qual eles queiram permanecer. A dedicação de determinado gestor o capacita a oferecer recompensas que atendam às necessidades reais e percebidas de um funcionário como indivíduo. Por exemplo, questões financeiras devem ser prioridade para o professor recém-formado em seu primeiro emprego. De outro modo, a professora que trabalha no mesmo local há 15 anos pode preferir reconhecimento e apoio a seu trabalho com crianças portadoras de necessidades especiais.

O que mais os funcionários esperam de seus cargos?

Apesar de os motivos pessoais pelos quais os funcionários trabalham diferirem uns dos outros, geralmente apresentam expectativas semelhantes no tocante àquilo que esperam de um empregador, o que inclui:

- Garantia de emprego.
- Condições de trabalho seguras.
- Reconhecimento e aprovação do desempenho no trabalho.
- Respeito como indivíduo.

Garantia de emprego

Os funcionários desejam ter garantia de que seus empregos vão continuar bem no futuro. Essa questão pode parecer um tanto curiosa em decorrência das altas taxas de rotatividade de professores e aos frequentes fechamentos de escolas de educação infantil. No entanto, funcionários que procuram por estabilidade no emprego buscam por uma decisão sobre permanecer ou deixar a função. Os gestores devem reconhecer as preocupações dos funcionários sobre a segurança no emprego e tomar medidas que façam com que se sintam valorizados. Por exemplo, se uma escola de educação infantil lamentavelmente fecha, os gestores devem fornecer ampla notificação aos funcionários e auxiliá-los na busca por empregos similares em outras escolas.[11]

Condições de trabalho seguras

Estabelecer normas de licenciamento [ou estabilidade legalmente amparada] ajuda as escolas de educação infantil a propiciar ambientes que garantam a saúde básica dos funcionários e condições de trabalho seguras. Ademais, alguns estabelecimentos optam por participar de uma entre as várias iniciativas de credenciamento nacional oferecidas por diversas organizações profissionais, bem como: National Association for the Education of Young Children – NAEYC (Associação Nacional para a Educação de Crianças Pequenas), National After School Association – NAA (Associação Nacional Pós-Escola), National Association for Family Child Care – NAFCC (Associação Nacional do Cuidado Familiar à Criança), National Accreditation Commission for Early Care and Education Programs – NAC (Comissão de Credenciamento Nacional de Centros de Educação e Cuidado Infantis) administrada pela National Association of Child Care Professionals – NACCP (Associação Nacional dos Profissionais do Cuidado à Criança), e pelo National Accreditation Council for Early Childhood Professional Personnel and Programs – NACECPPP (Conselho de Credenciamento Nacional de Centros e Profissionais da Primeira Infância).[12] O objetivo dessas iniciativas voluntárias e de outras similares é encorajar e reconhecer a qualidade das escolas de educação infantil que cumprem padrões mais altos do que aqueles normalmente impostos pelas regulações de licenciamento estaduais.

Os funcionários valorizam a saúde e a segurança pessoais e esperam que os empregadores forneçam ambientes de trabalho que os protejam de danos desnecessários. Apesar de o trabalho com crianças pequenas oferecer riscos potenciais, bem como a exposição a doenças transmissíveis, lesões decorrentes do levantamento inapropriado das crianças e ocasionais batidas, arranhões e contusões, os empregadores podem tomar medidas de monitoramento do ambiente de trabalho e implementar políticas de proteção ao bem-estar do trabalhador (Bright

---

[11] No Brasil tem ocorrido o inverso, cada vez mais são abertas escolas de educação infantil. É raro o fechamento de instituições da rede pública; no âmbito privado, funciona de acordo com a demanda e depende dos mantenedores. (NRT)

[12] Para o Brasil, poderíamos citar a Fundação Orsa; Associação Brasileira de Educação Infantil (Asbrei); Unesco Brasil; MEC, na área da Educação Infantil, o programa Proinfantil, Crecheplan. (NRT)

e Calabro, 1999). Por exemplo, medidas para a redução dos níveis de ruído e para a manutenção de temperaturas ambiente apropriadas contribuem para o conforto dos professores. Certificar-se de que cadeiras adequadas para o uso de adultos estejam disponíveis para os professores e que bancadas e trocadores tenham altura adequada podem reduzir o risco de tensão muscular. Reservar um cômodo tranquilo, no qual os professores possam relaxar e tirar uma pequena folga das responsabilidades da sala de aula, é, ainda, uma estratégia eficaz para a redução dos níveis de estresse.

Reconhecimento

Os funcionários desejam um trabalho significativo e querem sentir que seus esforços e contribuições são reconhecidos. No entanto, muitos gestores não conseguem reconhecer essa necessidade essencial, acham difícil colocá-la em prática ou não dedicam tempo e esforços suficientes para abordá-la no local de trabalho. Compreender quando e como motivar os funcionários exerce um papel fundamental na melhora do desempenho, reduzindo o estresse e a insatisfação com o trabalho e prevenindo o esgotamento. O reconhecimento dos esforços de um indivíduo por meio de elogios, simples agradecimento, crítica construtiva, redefinição de função, atribuições especiais ou promoção expressam gratidão e levam os funcionários a sentir que suas contribuições são verdadeiramente valorizadas.

Ligando os pontos

Seus professores têm reclamado sobre problemas para encontrar o equipamento de recreação pela desordem em que o depósito se encontra. Após escutar essas reclamações, você decide comparecer em um sábado pela manhã e organizar o ambiente.

- Quais foram os motivos que o levaram à escola de educação infantil e a organizar o depósito? (Seja sincero.)
- Como você vai se sentir se ninguém notar ou agradecer pela organização do depósito?
- Ao reconhecerem seus esforços, como esse aspecto vai influir em sua disposição de ajudá-los no futuro?
- Identifique três ou quatro situações que ocorreram nos últimos dois meses em que você reconheceu algo especial que alguém fez ou tenha elogiado alguém por seu trabalho.

Respeito como indivíduo

Não há dois funcionários semelhantes, logo, devem ser tratados como indivíduos. Os gestores devem oferecer oportunidades, como atribuições em projetos especiais ou reestruturação das responsabilidades no trabalho para que os funcionários desenvolvam e demonstrem seu potencial individual. Então, os gestores devem se assegurar de que reconhecem as contribuições dos funcionários. As escolas infantis beneficiam-se quando os gestores celebram e apoiam as diferenças e criam um clima de comunicação aberta e respeito mútuo. Além disso, tais esforços fortalecem as relações entre os funcionários no ambiente de trabalho e geram o **companheirismo**.

Os gestores devem estabelecer um ambiente de dignidade, compreensão e aceitação, além de, igualmente, manter esse comportamento a fim de servir de exemplo. Essa é uma questão especialmente importante que deve ser abordada pelos gestores em decorrência da crescente diversidade que envolve a força de trabalho e as famílias ligadas às escolas infantis. Assédio, estereotipagem, discriminação, comentários e práticas insensíveis são inaceitáveis no local de trabalho e violam o código de conduta ética da NAEYC (2005). Tais comportamentos levam as crianças a acreditar que a intolerância é aceitável.

Para onde vamos a partir daqui?

Apesar de as escolas de educação infantil continuarem lutando contra a rotatividade de pessoal e outras condições concernentes ao trabalho, algumas melhorias estão sendo implementadas lentamente (Center for the Child Care Workforce, 2004). Iniciativas mais recentes, como o **TEACH** Early Childhood® Project e **WAGE$**® Protect, foram criadas para abordar problemas como salários baixos, falta de educadores e professores que ministram treinamentos, má qualidade dos estabelecimentos e altas taxas de rotatividade de funcionários. Os efeitos dessas iniciativas sobre o recrutamento e a retenção de funcionários estão sendo cuidadosamente monitorados a fim de estabelecer um suporte contínuo e um maior financiamento. Mais investimentos e melhorias nas escolas infantis tornam-se mais viáveis à medida que os legisladores [estado, prefeituras], assim como o público, compreendem melhor o valor da educação infantil de qualidade. Nesse ínterim, gestores inovadores devem focar sua atenção nas práticas que somem à atratividade da educação infantil como carreira. Tais esforços levarão os gestores das escolas infantis a ser capazes de atrair e manter os melhores funcionários.

Resumo

- A demanda por escolas de educação infantil e creches continua a crescer.
- As taxas de rotatividade de funcionários na área da educação infantil são excepcionalmente altas em comparação a outros campos de atuação.
- Os professores são atraídos pela área da educação infantil por uma série de fatores, incluindo a oportunidade de servir a uma população de crianças e famílias e por poder contribuir para o desenvolvimento dos pequenos.
- A permanência de funcionários qualificados é um desafio contínuo que requer uma liderança inovadora.
- Condições de trabalho estressantes, preparação inadequada para o trabalho e falta de reconhecimento podem levar à insatisfação no trabalho e à saída prematura.
- As pessoas trabalham por diferentes motivos, incluindo necessidades financeiras, satisfação pessoal e o desejo de contribuir para as vidas das crianças e das famílias.
- Os funcionários esperam por garantia de emprego, condições de trabalho seguras e reconhecimento por seus esforços.
- Adotar um estilo de liderança motivadora pode trazer resultados positivos, incluindo melhora no comprometimento e no desempenho dos funcionários, maior comprometimento e redução na rotatividade de pessoal.

Atividades para aplicação

1. Faça uma pesquisa na internet para saber mais sobre os programas TEACH e WAGE$.[13] Utilize a Folha de Exercícios para Aplicação 1-1 para desenvolver um folheto informativo e descreva um dos programas.
2. Localize o NAEYC Code of Ethical Conduct[14] no *site* da organização (www.naeyc.org). Leia *Section III. Ethical responsibilities to colleagues (Seção III Responsabilidades éticas para com os colegas).* Identifique três questões-chave abordadas nesta seção que possam ser aplicadas em um treinamento de pessoal[15] e registre-as na Folha de Exercícios para Aplicação 1-2. Para cada questão, enumere alguns pontos principais a serem discutidos.

---

[13] Por ser um programa de formação, poderia corresponder ao Plano Nacional de Formação de Professores da Educação Básica (Parfor). (NRT)

[14] Veja, para o Brasil, os Referenciais Curriculares de Educação Infantil do MEC, no endereço http://portal.mec.gov.br/seb/arquivos/pdf/eduinf_esp_ref.pdf. (NRT)

[15] Veja as propostas de formação de professores de Educação Infantil do MEC. (NRT)

3. Compile uma lista com atividades que possam aliviar o estresse que acredita serem úteis e registre-as na Folha de Exercícios para Aplicação 1-3. Escolha três atividades e estabeleça uma meta realista para cada uma delas (por exemplo, "caminharei pelo menos meia hora, três vezes por semana"; "comerei mais porções de frutas e vegetais diariamente"; "matricularei-me no curso de pintura que sempre desejei").

Folha de Exercícios para Aplicação 1-1

O programa

O objetivo do programa

Este programa está disponível em todo o território nacional? Existe algum programa similar no Estado onde mora?

Quais requisitos de qualificação são necessários?

Informações de contato para este Estado

Quais são os pontos principais a serem identificados neste programa?

Folha de Exercícios para Aplicação 1-2

Por que a NAEYC desenvolveu o Código de Conduta Ética?[16]

Como ele pode ser utilizado na prática profissional?

[16] Ver, para o caso brasileiro, o documento Parâmetros Curriculares Nacionais do MEC sobre Ética (http://portal.mec.gov.br/seb/arquivos/pdf/ttransversais.pdf). (NRT)

Questões éticas a serem abordadas na capacitação de pessoal

A.

B.

C.

Pontos principais a serem discutidos sobre cada questão

Questão ética A:

Questão ética B:

Questão ética C:

Acesse o *site* da NAEYC (www.naeyc.org)[17] e digite "*case studies*" (estudos de caso) no campo Search. Lá, você vai encontrar referências a vários estudos de caso que demonstram como o Código de Conduta Ética pode ser utilizado na abordagem de decisões difíceis. Escolha um estudo de caso para a realização de uma atividade de desenvolvimento profissional com sua equipe.

Qual dilema ético o estudo de caso aborda?

Leve os membros da equipe a trabalhar em duplas a fim de identificar as normas que podem ser utilizadas na resolução do problema ético. Discuta a resolução em grupo.

[17] Ver o Referencial Curricular Nacional para a Educação Infantil. Formação Pessoal e Social, v. 2 (http://portal.mec.gov.br/seb/arquivos/pdf/volume2.pdf); Unesco Brasil e Nova Escola On-line. (NRT)

Folha de Exercícios para Aplicação 1-3

As atividades de alívio do estresse mais interessantes e viáveis

Três metas realistas para o alívio do estresse

a.

b.

c.

Quais são os obstáculos que provavelmente vão interferir no cumprimento das metas citadas anteriormente?

Quais são os passos que você pode dar agora para aumentar suas chances de sucesso?

Acesse o *site* www.mypyramid.gov e clique em "*My Pyramid Tracker*".[18] Utilize este *site* para avaliar sua ingestão de nutrientes e seus níveis de atividade física por uma semana. Quais melhorias puderam ser feitas nessas áreas a fim de melhorar sua capacidade de lidar com o estresse?

4. **Entreviste oito professores da educação infantil a respeito de seu atual nível de satisfação no trabalho. Descubra quais condições de trabalho são consideradas mais frustrantes ou estressantes por eles. Prepare um gráfico para ilustrar suas descobertas.**

[18] Veja, para este tema, os endereços: http://portaldoprofessor.mec.gov.br/fichaTecnicaAula.html?aula=2506; http://www.turminha.mpf.gov.br/para-o-professor/para-o-professor/publicacoes/Manual-do-pesosaudavel.pdf; ou http://www.anvisa.gov.br/alimentos/rotulos/guiadebolso.pdf. (NRT)

5 Desenvolva uma solução para cada um dos problemas ou condições identificados pelos professores na Atividade 4. Apresente suas ideias para a classe ou para sua equipe e solicite que façam críticas a cada solução.

Pontos de discussão

1. O que é estresse? Discuta sobre como certo nível de estresse pode ser benéfico.
2. Explique por que dois professores da mesma sala podem reagir de modos distintos ao mesmo evento estressante.
3. Certo colega confidencia que não gosta mais de seu primeiro emprego como professor em uma escola de educação infantil para crianças pequenas. O que será que está acontecendo com ele? Quais são as condições de trabalho que podem estar contribuindo para seus sentimentos?
4. Por que é especialmente importante adotar um estilo de gestão motivadora em ambientes de educação infantil?
5. Discuta sobre o porquê da importância de se reconhecer os esforços e contribuições realizados por um funcionário. Quais são as possíveis consequências de não fazê-lo?
6. Quais medidas podem ser tomadas para o cuidado com o conforto e com a segurança dos adultos nas escolas de educação infantil?

Referências

BOND, R. e BUNCE, D. Job control mediates change in a work reorganization intervention for stress reduction. *Journal of Occupational Health & Psychology*, n. 6, v. 4, p. 290-302, 2001.

BRIGHT, K. A. e CALABRO, K. Child care workers and workplace hazards in the United States: Overview of research and implications for occupational health professionals. *Occupational Medicine*, n. 49, v. 7, p. 427-437.

BUREAU OF LABOR STATISTICS. *Employment characteristics of families summary.* Washington: U.S. Department of Labor, 2006. Acesso em: 15 set. 2005. Disponível em: http://www.bls.gov/oco/cg/cgs032.htm.

_______. *Occupational outlook handbook, 2004-05 Edition, childcare workers.* Washington: U.S. Department of Labor, 2005. Acesso em: 15 set. 2005. Disponível em: http://www.bls.gov/oco/cg/cgs032.htm.

_______. *20 Leading occupations of employed women full-time wage and salary workers, 2004 annual averages.* Washington: Women's Bureau, U.S. Department of Labor, 2004. Acesso em: 20 set. 2005. Disponível em: http:// www.dol.gov/wb/factsheets/20lead2004.htm.

CENTER FOR THE CHILD CARE WORKFORCE. *Current data on the salaries and benefits of the U.S. early childhood education workforce.* Washington: Author, 2004.

CURBOW, B. et al. What makes some employees more resistant to burnout? *Early Childhood Research Quarterly*, n. 15, v. 4, p. 515-536, 2000.

HELBURN, S. W. e HOWES, C. Child care cost and quality. *Future of Children*, n. 6, v. 2, p. 62-82, 1996.

JAMISON, C.; WALLACE, M. e JAMISON, P. L. Contemporary work characteristics, stress, and ill health. *American Journal of Human Biology*, n. 16, v. 1, p. 43-56, 2004.

LAMB, M. The effects of quality care on child development. *Applied Developmental Science*, n. 4, v. 3, p. 112-115, 2000.

LISTON, D. The lure of learning in teaching. *Teachers College Record*, n. 106, v. 3, p. 459-486, 2004.

MURPHY, L. Stress management in work settings: a critical review of the health effects. *American Journal of Health Promotion*, n. 11, v. 2, p. 112-135, 1996.

NATIONAL ASSOCIATION FOR THE EDUCATION OF YOUNG CHILDREN (NAEYC). *Code of Ethical Conduct and Statement of Commitment.* Washington: NAEYC. Acesso em: 4 dez. 2005. Disponível em: http://www.naeyc.org.

NATIONAL RESEARCH COUNCIL AND INSTITUTE OF MEDICINE. *From neurons to neighborhoods: the science of early childhood development.* SHONKOFF J. P. e PHILLIPS, D. A. (Eds.). Washington: National Academy Press, 2000.

NATIONAL INSTITUTE OF CHILD HEALTH AND HUMAN DEVELOPMENT EARLY CHILD CARE RESEARCH NETWORK (NICHD). *The NICHD study of early child care and youth development.* Acesso em: 23 maio 2006. Disponível em: http://secc.rti.org.

NICHD EARLY CHILD CARE RESEARCH NETWORK. The relation of child care to cognitive and language development. *Child Development*, n. 71, p. 960-980, 2000.

PAPANASTASIOU, C. e PAPANASTASIOU, E. Factors that influence students to become teachers. *Educational Research and Evaluation*, n. 3, v. 4, p. 305-316, 1997.

RUSHTON, S. P. Applying brain research to create developmentally appropriate learning environments. *Young Children*, n. 56, v. 5, p. 76-82, 2001.

SALUJA, G.; EARLY, D. e CLIFFORD, R. Demographic characteristics of early childhood teachers and structural elements of early care and education in the United States. *Early Childhood Research & Practice*, n. 4, v. 1, 2002. (Disponível em: http://ecrp.uiuc.edu/)

SCHAUBROECK, J. e FINK, L. Facilitating and inhibiting effects of job control and social support on stress outcomes and role behavior: a contingency model. *Journal of Organizational Behavior*, n. 19, v. 2, p. 167-195, 1999.

SCHORE, A. N. Effects of a secure attachment relationship on right brain development, affect regulation, and infant mental health. *Infant Mental Health Journal*, n. 22, v. 1-2, p. 7-66, 2001.

SNOW, C.; TELEKI, J. e REGUERO-DE-ATILES, J. Child care center licensing standards in the United States, 1981-1995. Public policy report. *Young Children*, n. 51, v. 6, p. 36-41, 1996.

WHITEBROOK, M.; PHILLIPS, D. e HOWES, M. *National child care staffing study revisited: Four years in the life of center-based child care.* Oakland: The Child Care Employee Project, 1993.

Em português:

Diretrizes Curriculares para a Educação Infantil: http://portal.mec.gov.br/cne/ arquivos/ pdf/CEB0199.pdf.

Revista Criança, publicação quadrimestral com tiragem de 200 mil exemplares da Secretaria de Educação Básica (SEB/MEC).

Política de Educação Infantil no Brasil: Relatório de Avaliação: http://portal.mec.gov.br/index.php?option=com_content&view=article&id=12579%3Aeducacao-infantil&Itemid=859.

Programa de Formação Inicial para Professores em Exercício na Educação Infantil (Proinfantil): http://portal.mec.gov.br/index.php?option= com_content&view=article&id=12579%3Aeducacao-infantil&Itemid=859.

Revista Brasileira de Estudos Pedagógicos: http://rbep.inep.gov. br/index.php/RBEP.

Recursos da web

Healthy Child Care America: www.healthychildcare.org

National Association for the Education of Young Children: www.naeyc.org

Education of Young Children National Association of Child Care Resource and Referral Agencies: www.naccrra.org

National Resource Center for Health and Safety in Child Care: http://nrc.uchsc.edu

Occupational Safety and Health: www.osha.org

Em português:

ACER – Associação de Apoio à Criança em Risco: www.acerbrasil.org.br.

AMAI – Associação do Movimento de Amparo à Infância – Maceió/AL: http://amaimaceio.blogspot.com/.

Associação de Amparo à Maternidade e Infância: http://www.assami.org.br.

Associação Nacional para a Educação da Primeira Infância: http://primeirainfancia.

org.br/quem-somos/organizacoes-participantes/; http://primeirainfancia.org.br/wp-content/uploads/Manifesto-ANPEd-Educa%C3%A7%C3%A3o-Infantil.pdf; http://www.unesco.org/new/en/education/themes/leading-the-international-agenda/efareport/; http://www.senado.gov.br/sf/comissoes/CE/AP/AP20100512_Ap_FCC_Fulvia.pdf; http://www.abebe.org.br/Arquivos/REDE.pdf.

Fundação Orsa: http://www.fundacaoorsa.org.br/pt/.

Organização Mundial da Família: www.worldfamilyorganization.org.

Política Nacional de Educação Infantil: pelo direito da criança de zero a seis anos – MEC/SEB: http://www.oei.es/quipu/brasil/pol_educ_infantil.pdf.

Site que traz informações sobre as entidades e associações por estado: http://www.cfh.ufsc.br/~pagina/universidades/entidade.htm.

UNICEF no Brasil: http://www.unicef.org/brazil/pt/overview.html.

UNPMIF – União Nacional das Associações de Proteção à Maternidade, Infância e Família: www.unapmif.org.

Capítulo 2

O que sabemos sobre o papel da motivação nas escolas de educação infantil

Catherine Yevlet/Photos.com

Objetivos

Após a leitura deste capítulo, você vai ser capaz de:

- Definir o termo *motivação.*
- Discutir diversos fatores que moldam o que motiva um indivíduo.
- Discutir as diferenças entre motivadores intrínsecos e extrínsecos.
- Comparar e diferenciar as teorias motivacionais de Maslow, Herzberg e McClelland.
- Discutir por que a motivação é uma consideração importante no local de trabalho.
- Identificar os resultados positivos da motivação eficaz dos funcionários.

Palavras-chave

- ambiente
- motivadores extrínsecos
- higiene
- motivadores intrínsecos
- motivação
- necessidades fisiológicas
- regressão
- autorrealização

"Líderes excepcionais esforçam-se para aumentar a autoestima de sua equipe. Quando as pessoas acreditam em si mesmas, é incrível o que podem realizar."
Sam Walton
Fundador, Wal-Mart

Introdução

Com que frequência você tomou decisões e, mais tarde, se questionou sobre o porquê de ter optado por elas? Por exemplo, por que concordou em trabalhar em sua tarde de folga se já tinha outros planos? O que o levou a comprar uma camiseta apenas pelo fato de ela estar em promoção, apesar de, na verdade, você não gostar de azul? Por que você decidiu voltar a estudar? O que o levou a aceitar seu atual emprego?

Nossas motivações influenciam nossas decisões e ações, nos oferecem certo direcionamento e propósito, mantêm nosso interesse e nos dão energia para iniciar um novo projeto ou continuar a enfrentar as adversidades. Em alguns casos, podemos identificar o que motiva nosso comportamento, mas nem sempre. Podemos saber que a obtenção de um diploma, provavelmente, nos ajudará a conquistar um emprego mais bem remunerado, porém podemos não entender por que perdemos a paciência com um pai ou com um colega esta tarde.

O que é motivação?

O comportamento é um fenômeno intrigante movido especialmente pela **motivação**. Nossas decisões, escolhas e ações são continuamente influenciadas por um complexo sistema de necessidades humanas. Os esforços para satisfazer essas necessidades nos levam a comportamentos específicos. Além disso, depois que uma necessidade é satisfeita, perde o poder motivacional. Algumas delas, bem como a sede e a fome, são comuns a todos, enquanto outras, como a necessidade de atenção, reconhecimento e autoestima, são de ordem superior e, portanto, únicas em um indivíduo. Diferenças na constituição biológica, na cultura, no **ambiente** e nas experiências obtidas ao longo da vida influenciam coletivamente e moldam os aspectos que cada um de nós acredita ser pessoalmente motivadoras. Em consequência, algo que motiva um funcionário, pode não estimular outro. Além disso, algum aspecto que certo funcionário acredita ser motivador hoje, daqui a um ano pode não ser mais satisfatório. Em algumas circunstâncias, somos capazes de interpretar essas emoções intensas pelo que representam e compreender como afetam nosso comportamento, embora nem sempre seja este o caso.

Ligando os pontos

Você tem uma importante prova de psicologia marcada para segunda-feira; no entanto, seus amigos telefonam convidando para passar o fim de semana à beira de um lago. Você sabe que, realmente, precisa estudar para melhorar sua nota final nessa disciplina de B+ para A.

- Identifique todos os fatores motivadores nesta situação.
- Que efeito cada fator provavelmente vai produzir?
- Qual é a possibilidade de o resultado ser diferente dependendo da sua decisão?
- Qual fator motivador você tenderia a escolher e por quê?

Quando a motivação é importante?

A motivação explica por que achamos certas oportunidades atraentes e dedicamos tempo e energia para buscá-las. Uma experiência, que é muito ou pouco valorizada do ponto de vista do indivíduo, vai influenciar no direcionamento de seu comportamento. Por exemplo, o que leva alguns funcionários a voluntariar-se para ajudar a angariar fundos em um evento que venha ocorrer no fim de semana, no qual não serão remunerados? Por que os pais sentem prazer em fazer biscoitos para serem doados à venda anual da escola? Ou, ainda, por que razão um professor substituto não sente interesse em se candidatar a uma vaga de professor efetivo? Em cada caso, esses indivíduos são motivados por algo que acreditam ser pessoalmente gratificante.

O conceito de motivação é, também, muito útil para a compreensão do esforço empregado por uma pessoa que está disposta a investir a fim de alcançar um objetivo. Por exemplo, o que leva um professor a ter um desempenho superior e além das exigências da descrição da função, enquanto outro, simplesmente, faz o mínimo necessário? Por que motivo o mesmo professor voluntaria-se sempre que o diretor necessita de auxílio em um projeto especial, enquanto outros precisam ser convocados? O que realmente sabemos é que, quando os funcionários sentem prazer e satisfação em seus trabalhos, a quantidade e qualidade de seus esforços, normalmente, aumentam até que suas necessidades sejam satisfeitas. O contrário também procede. Um declínio no desempenho e na produtividade de um professor pode indicar falta de interesse e de satisfação pessoal.

A disposição de um indivíduo para persistir em determinada tarefa também é influenciada pelo grau de motivação. Por exemplo, algumas palavras de encorajamento podem ser estimulantes e levar determinado professor a sentir que seus esforços são reconhecidos: "Eu sei que as crianças vão gostar muito do novo centro de ciências que você planejou". Os funcionários, ao acreditarem que ninguém se importa com o fato de suas necessidades não terem sido satisfeitas de modo adequado, logo perdem interesse pelo trabalho e, muitas vezes, vão embora. O gestor que insere desafios, oportunidades e reconhecimento nas atividades aumenta a probabilidade de manter os funcionários que, do mesmo modo, são comprometidos com seus trabalhos.

A permanência de funcionários dedicados é a preocupação número um de gestores de qualquer empresa ou organização. Esta é uma questão particularmente crítica no campo da educação infantil, que, geralmente, apresenta uma taxa de rotatividade maior que 30% (Center for the Child Care Workforce, 2004). Pelo fato de a motivação desempenhar um papel-chave no processo de permanência, é importante que os gestores entendam os princípios básicos da motivação e como colocá-los em prática. A motivação exerce influência direta sobre os interesses, os esforços e a persistência do funcionário em alcançar as metas e os objetivos de uma organização. Entretanto, determinar o que motiva os indivíduos e como criar certo ambiente de trabalho que encoraje ótimo desempenho pode representar um importante desafio para a gestão organizacional.

Palavra do diretor

Quais estratégias motivacionais você acredita serem eficazes para elevar a motivação da equipe?

"Conhecer a equipe é fundamental: identificar seus pontos fortes e, então, encontrar maneiras de utilizá-los é especialmente motivador. Também encontramos múltiplas maneiras (não monetárias) de surpreender e de reconhecer as contribuições dos funcionários, o que aumenta sua autoestima e seu interesse."

Diane Schultz, diretora
Family Services
BryanLGH Medical Center
Lincoln

Modelos teóricos de motivação

Inúmeras teorias clássicas têm proposto melhorar nossa compreensão sobre as necessidades motivacionais humanas e sobre como podem ser satisfeitas no ambiente de trabalho. É improvável que alguma teoria em particular forneça uma explicação completamente satisfatória. No entanto, elementos de cada uma dessas teorias podem ser úteis para a compreensão do conceito de motivação. Pessoas que ocupam cargos de liderança podem utilizar elementos de sistemas teóricos para melhor compreenderem as necessidades de seus funcionários e elaborar sistemas de recompensas, que sejam motivadores individualizados, eficientes e eficazes.

A hierarquia das necessidades de Maslow

Abraham Maslow, um renomado psicólogo, ficou intrigado com o que motivava as pessoas a agir em busca de uma necessidade ou tarefa real ou percebida. Por que, por exemplo, alguns indivíduos procuram emprego enquanto outros não? O que leva alguns professores da educação infantil a deixar uma instituição enquanto outros permanecem durante anos? Por que razão algumas pessoas procuram fazer amizades e desejam companhia? Por que alguns professores parecem ser mais produtivos que outros?

Maslow (1968) descreveu cinco categorias para as necessidades humanas básicas levando em conta suas observações. Essas categorias são, normalmente, representadas como um modelo triangular, comumente chamado hierarquia das necessidades de Maslow e organizadas em ordem ascendente, desde as necessidades consideradas as mais essenciais para a manutenção da vida até aquelas de ordem intelectual superior (Figura 2-1).

- **Necessidades fisiológicas** – requisitos necessários para a manutenção da vida, incluindo alimentação (água e comida), abrigo e ar.
- **Segurança física e psicológica** – sensação de segurança e sentir-se livre de acidentes em um ambiente.
- **Social (afeto)** – o anseio por relações sociais, amizade, aceitação, amor e por fazer parte de um grupo.
- **Autoestima** – necessidade interna de alcançar respeito, estabelecer uma reputação positiva e sentir-se aceito pelos outros.
- **Autorrealização** – sensação de satisfação pessoal pela utilização de seus talentos e potencial para alcançar o pensamento independente, a expressão criativa e a resolução de problemas.

As teorias de Maslow forneceram um valioso ponto de partida para a compreensão do que motiva o comportamento de um indivíduo. Ele supôs que todos sejam impulsionados pelas mesmas necessidades básicas e que as pessoas possuam necessidades em diversas áreas. Suas ideias também reconheceram o desejo de determinado indivíduo pelos crescimentos pessoal e profissional, um conceito que possui importantes implicações para as escolas de educação infantil no que diz respeito ao oferecimento de oportunidades para o desenvolvimento dos funcionários. Contudo, as ideias de Maslow foram criticadas em razão de sua generalização do processo motivacional. A teoria dele falha em reconhecer as diferenças entre os indivíduos no que diz respeito às preferências motivacionais e às maneiras por meio das quais as necessidades são satisfeitas. Maslow também acreditava que as necessidades das pessoas deveriam ser completamente satisfeitas em cada nível antes que elas pudessem progredir para o próximo e que esse movimento ascendente apenas poderia ser feito gradativamente. Alguns psicólogos sugeriram que as ideias de Maslow não são sustentadas por pesquisas confiáveis e que suas interpretações do comportamento humano podem não ser inteiramente corretas (Heylighten, 1992; Wahba e Bridwell, 1976). No entanto, sua teoria ainda é uma importante contribuição para compreensão das necessidades motivacionais humanas.

A teoria ERC

Clayton Alderfer reconheceu o mérito das ideias de Maslow e tentou abordar as críticas à teoria da hierarquia das necessidades simplificando seus conceitos. Alderfer (1972) propôs a teoria ERC (do inglês Existence, Relatedness, Growth), que reconhece três necessidades motivacionais básicas que ele acreditava serem compartilhadas por todos os seres humanos (Figura 2-1).

Figura 2-1 Comparação das teorias de necessidades de Maslow e Alderfer.

- Existência – necessidades psicológicas e de segurança – combina as categorias psicológica e de segurança de Maslow.
- Relacionamento – um indivíduo necessita estabelecer relações sociais e comunicar-se com outras pessoas – é semelhante à categoria social de Maslow.

- Crescimento – anseio interno pela realização pessoal, pelo reconhecimento por parte dos colegas e pelo interesse em aprender durante toda a vida – combina as categorias de estima e autorrealização de Maslow.

A teoria ERC difere das ideias sobre motivação de Maslow em vários pontos fundamentais. Alderfer acreditava que:

- Os indivíduos têm necessidades diferentes: nem todos são motivados pelas mesmas coisas.
- As necessidades podem ser satisfeitas em múltiplos níveis simultaneamente.
- As necessidades não precisam ser inteiramente satisfeitas em um nível antes que um indivíduo possa começar a se dedicar às necessidades motivacionais de um nível superior.
- Não é necessário satisfazer as necessidades motivacionais em determinada ordem.
- A frustração e a **regressão** desempenham um importante papel na satisfação das necessidades.

Alderfer sugeriu que, quando os indivíduos são frustrados na tentativa de satisfazer as necessidades de níveis mais altos, muitas vezes, eles regridem a um nível de conforto, no qual suas necessidades estejam sendo satisfeitas. Por exemplo, um funcionário que é candidato a obter uma promoção (crescimento) e não a recebe pode devotar mais tempo e energia à socialização com os colegas (relacionamento). Ou ainda, uma professora que tenha sido designada a uma classe que não havia solicitado (relacionamento) pode acreditar que um aumento de salário (existência) seja particularmente mais motivador. A regressão temporária pode levar os indivíduos a obterem resultados positivos por proporcionar mais tempo para a aquisição de novas habilidades, de confiança ou para repensarem suas estratégias.

A teoria dos dois fatores de Herzberg

As ideias de Frederick Herzberg também lançam luz sobre o papel da motivação no local de trabalho (Herzberg, Mausner e Snyderman, 1959). Após realizar um levantamento com centenas de funcionários, ele concluiu que a motivação é determinada por dois fatores.

- Motivadores – oportunidades que promovem o senso pessoal de satisfação no trabalho por parte do funcionário, bem como reconhecimento formal, atribuição de novas responsabilidades e promoções.

- **Ambientais** – condições de trabalho, bem como o ambiente físico, relação com os colegas e supervisores e políticas organizacionais que podem exercer influência sobre o senso de satisfação ou de insatisfação no trabalho.

Herzberg acreditava que os fatores motivadores e ambientais funcionam de forma relativamente independente em relação uns aos outros. Por exemplo, pintar o refeitório (fator ambiental) provavelmente não exerce muito efeito sobre o aumento da motivação do desempenho ou da satisfação no trabalho por parte dos professores, no entanto, eles podem ser gratos pelo esforço. Já um professor substituto, que é promovido ao cargo de professor efetivo da mesma classe (fator motivador), pode ter seu comprometimento renovado.

Apesar de as ideias de Herzberg terem sido criticadas por não abordarem os efeitos que as condições de trabalho podem exercer sobre a atitude e o desempenho dos funcionários, suas teorias chamaram a atenção de forma positiva à ideia de que as responsabilidades de trabalho que a pessoa possui podem servir como motivadores significativos. Quando os funcionários acreditam que seu trabalho ou papel é pessoalmente gratificante, este torna-se um importante motivador. Essa percepção sugere que os gestores devem sempre acrescentar interesse, entusiasmo e desafio à função de um funcionário e, além disso, devem adotar um estilo de gestão que reconheça as contribuições dos funcionários de forma regular.

Ligando os pontos

Como diretor da escola de educação infantil Wee Kids, este ano, você gostaria de dar um pequeno aumento salarial a todos os membros da equipe. Entretanto, após rever o orçamento anual, percebe que não será possível. Você deve apenas esquecer de tentar recompensar seus funcionários por enquanto?

- Quais fatores ambientais você pode oferecer sem custo, em vez de um aumento?
- Você acredita que seus funcionários vão achar esses motivadores tão recompensadores como um aumento salarial?
- Quais vantagens os fatores ambientais oferecem?

A teoria das necessidades adquiridas de McClelland

David McClelland também se interessou pela categorização das necessidades motivacionais de Maslow. Ele conduziu estudos experimentais para melhor compreender a origem de tais necessidades e como, enfim, elas podem influenciar o comportamento de um indivíduo. Com base em seu trabalho, McClelland propôs três categorias principais que acreditava servir como motivadoras aos humanos: as necessidades de poder, realização e afiliação (McClelland e Burnham, 1976).

A necessidade de poder. McClelland acreditava que a busca pelo poder serve como o principal motivador para os indivíduos que assumem cargos de liderança. Ele sugeriu que o *status*, o reconhecimento social e a influência sobre os outros satisfazem a necessidade fundamental do ser humano da autossatisfação. Apesar de alguns indivíduos utilizarem sua posição para ganhos pessoais e progredir na carreira, outros estão comprometidos em atingir as metas de sua organização. McClelland também argumentou que essas mesmas qualidades são necessárias para que certo indivíduo seja um líder eficaz e que os gestores são moralmente compelidos a desempenhar suas tarefas de maneira ética.

A necessidade de realização. McClelland observou que alguns indivíduos parecem buscar desafios e se desenvolvem com eles. Ele descreveu esse grupo como apresentando uma forte necessidade motivacional de realização. Normalmente, eles exibem um alto nível de energia, iniciativa e persistência em seu trabalho. McClelland também observou a preferência desse grupo por assumir responsabilidades e cargos de liderança, engajar-se em atividades de resolução de problemas e requisitar avaliação a fim de melhorar seu desempenho e êxito. Embora esses indivíduos possuam várias características positivas, McClelland observou que grandes empreendedores, geralmente, mostram-se relutantes em delegar tarefas a outros trabalhadores, preferindo, em vez disso, manter o controle sobre decisões e resultados. Quando o trabalho ou seu ambiente não mais oferecem desafios adequados, esses indivíduos tornam-se propensos a deixar a empresa.

A necessidade de afiliação. McClelland reconheceu que alguns indivíduos têm uma intensa necessidade de interação social e de estabelecer relações sociais próximas com os outros. Ele percebeu que esses indivíduos preferem trabalhar de forma cooperativa em equipes ou grupos, engajar-se em atividades sociais, adaptar-se, buscar aprovação e ser querido pelos demais. Geralmente, eles evitam cargos que requeiram assertividade, iniciativa, tomada de decisão independente ou grande responsabilidade de supervisão.

McClelland sugeriu que os indivíduos com grande necessidade de afiliação não são gestores ou supervisores eficazes, pois eles acham difícil fornecer uma avaliação crítica, frequentemente mostram favoritismo e são relutantes no que diz respeito a fazer cumprir regras e políticas (McClelland e Burnham, 1976). McClelland pensou que todos esses comportamentos de necessidades são adquiridos em virtude da socialização e do reforço da influência dos pais, valores culturais e personalidade do indivíduo. Suas ideias nos ajudam a compreender que os funcionários, como indivíduos, têm necessidades que podem ser muito diferentes das necessidades de outras pessoas. Os gestores que valorizam essas diferenças e que são sensíveis a elas podem empregá-las para criar equipes eficazes com a capacidade de trabalhar em equipe.

Palavra do diretor

Como você acredita que deve ser o relacionamento sadio entre os funcionários da escola de educação infantil em que atua?

"Um ambiente sadio entre os funcionários é evidente quando há um clima de confiança mútua, de comunicação aberta e de cooperação, quando os funcionários sentem-se capacitados, quando a visão e a missão da escola são alcançadas por meio do trabalho de equipe e os membros da equipe se divertem trabalhando juntos."

Candy Seltman, diretora administrativa
Shawnee Mission Medical Center Child Care Center
Shawnee Mission

A teoria da expectativa

A teoria da expectativa sugere que as pessoas esperam ser recompensadas de acordo com seus esforços. Três condições estão implícitas:

- Se os indivíduos acreditam que o esforço investido valerá a pena ou os possibilitará a realização de determinada tarefa, por exemplo: "se eu dedicar mais tempo à preparação dos planos de aula, meu dia vai transcorrer mais tranquilamente".
- Se os indivíduos acreditam que o bom desempenho será recompensado, por exemplo: "meu coordenador perceberá quão eficientemente estou conduzindo minha classe e considerará a hipótese de me dar um aumento".[1]
- O quão pessoalmente satisfatória (ou não satisfatória) uma recompensa em reconhecimento ao esforço de um indivíduo lhe pareça, por exemplo: "hoje, a diretora trouxe bolinhos de chocolate para comemorar meu aniversário de um ano como professora desta escola, mas ela sabe que eu não posso comer chocolate".

[1] No Brasil, mesmo em escolas particulares, a questão salarial não funciona desse modo, os salários são padrão. (NRT)

Os gestores vão achar essa teoria particularmente útil para a compreensão da relação existente entre o desempenho, a motivação e a permanência dos funcionários. Os funcionários, ao acreditarem que seus esforços sejam verdadeiramente valorizados, tendem a trabalhar com mais empenho. Os professores são um excelente exemplo. Muitos concordariam que são as crianças, e não o salário, que motivam os professores a dedicar tanto tempo e energia a seus trabalhos da forma como fazem. De outro modo, quando os funcionários percebem que seus esforços não são mais reconhecidos, ou que não há mais oportunidades, eles podem começar a perder interesse, apresentar um mau desempenho e, por fim, deixar o trabalho.

Também está implícito nesta teoria que os indivíduos são capazes de identificar e expressar aquilo que acreditam ser recompensador. No entanto, nem sempre as pessoas sabem o que as motiva. Gestores bem-sucedidos podem utilizar uma variedade de estratégias eficazes, bem como a realização de discussões individuais ou em grupo, fornecer ferramentas de autoavaliação ou ainda convidar profissionais para capacitação, que ajudam os funcionários a explorar os tipos de motivadores que eles podem achar pessoalmente satisfatórios (consulte o Apêndice B para fontes suplementares).

A teoria da equidade

Os funcionários esperam ser tratados de forma justa e imparcial por suas contribuições. Nenhum funcionário quer sentir que uma organização ou um gestor esteja tirando vantagem de seu tempo, habilidades ou esforços. Entretanto, o quão justa ou imparcial a quantidade ou a distribuição das recompensas considerada por um funcionário pode exercer tanto efeito positivo como negativo sobre o comportamento. Por exemplo, uma professora que acredita merecer o prêmio "professor do mês", mas não o recebe, pode ressentir-se de seus colegas. De outro modo, um professor substituto promovido ao cargo de professor efetivo, provavelmente, vai ter a autoestima e a confiança aumentadas.

A teoria da equidade considera esses preceitos humanos fundamentais (Adams, 1963). Reconhece que os funcionários esperam que suas recompensas não sejam apenas justas, mas que sejam também comparáveis àquelas recebidas por seus colegas que realizam um trabalho semelhante. Caso os funcionários acreditem, ou descubram, que não estejam recebendo uma compensação ou um reconhecimento equivalente, eles podem expressar seu ressentimento de diversas formas. Por exemplo, se eu descobrir que meu aumento foi a metade do aumento recebido pelo meu colega professor, pensarei em sair da escola, faltar mais vezes, levar para casa materiais de escritório "adicionais" ou não me voluntariar para eventos especiais promovidos pela escola. No entanto, se recebi um aumento maior do que o de outros professores, isso pode incentivar a me empenhar mais ou a participar de projetos.

Em decorrência de a interpretação de justiça e equidade por parte de um funcionário ser influenciada por valores pessoais, sistemas de crenças e acesso à informação, os gestores são continuamente desafiados a assegurarem-se de que estejam recompensando seus funcionários de forma consistente e justa para todos. Conhecer seus funcionários, documentar suas contribuições e esforços, compreender como variados incentivos podem afetar seu comportamento e evitar o favoritismo podem impedir que várias experiências infelizes ocorram.

O que são recompensas intrínsecas e extrínsecas?

DeCharms (1968) forneceu mais uma explicação para a maneira como a motivação influencia o desempenho de um funcionário. Ele descreveu os motivadores como extrínsecos e intrínsecos com base em sua criação primária. Exemplos de **motivadores extrínsecos** incluem um aumento salarial, a designação de um espaço de trabalho melhor, um novo título, um prêmio ou um dia de folga a mais. Estas são recompensas tangíveis oferecidas por outro indivíduo em reconhecimento ao desempenho de um funcionário. **Motivadores intrínsecos** originam-se de um senso interno ou pessoal de realização e incluem sentimentos como empolgação, aumento do interesse ou do estímulo, divertimento e prazer. Pense, por exemplo, no quão empolgante é presenciar um bebê dar seus primeiros passos ou ver uma criança escrever seu nome pela primeira vez ou ainda o orgulho sentido ao receber um elogio de certo colega!

Os motivadores extrínsecos e intrínsecos possuem suas vantagens e desvantagens distintas. Pesquisadores descobriram que os funcionários que possuem controle limitado sobre seus trabalhos ou que recebem poucas oportunidades de dar sugestões criativas são mais passíveis de responder a recompensas extrínsecas (Eisenberger, Rhoades e Cameron, 1999). Eles simplesmente realizam seus trabalhos e, então, esperam ser compensados de alguma forma. Motivadores extrínsecos podem exercer um efeito inicial positivo sobre o comportamento de um funcionário, porém, normalmente, esse efeito é de curta duração. Depois que a alegria trazida pela recompensa transcorre, os funcionários retomam seus esforços normais. Pense, por exemplo, no quão recompensador você ainda considera o aumento de um valor *x* por hora que você recebeu há seis meses em um dia em que três professores faltaram!

As recompensas intrínsecas, de outro modo, geralmente exercem efeito mais duradouro sobre o desempenho e o comprometimento de um funcionário. Os professores que gozam de maior liberdade e controle sobre o trabalho são mais suscetíveis a sentirem-se motivados por recompensas que contribuam para seus sentimentos pessoais de satisfação e realização. Entretanto, como foi visto, os indivíduos raramente são motivados por um único fator. Os gestores competentes devem ser sensíveis às necessidades individuais dos funcionários e devem utilizar uma variedade de estratégias motivacionais que garantam um comprometimento de longo prazo e um excelente desempenho.

Qual é o papel desempenhado pela motivação no trabalho com crianças?

A motivação é evidentemente importante para o sucesso de uma escola de educação infantil. Ela pode aumentar o êxito no recrutamento, melhorar os índices de retenção, ajudar que se garanta uma alta produtividade do pessoal e impulsionar o clima. O contrário também procede. Estabelecimentos que não proporcionam um ambiente de trabalho positivo ou que não abordam as necessidades de seus funcionários, provavelmente, não vão obter êxito duradouro.

As condições de trabalho no campo da educação infantil fazem com que seja particularmente importante a adoção de um estilo de gestão motivadora (Pacini, 2000). Recursos limitados, questões de diversidade desafiadoras, mudanças sociais, longos períodos trabalhando e funções que exigem grande responsabilidade levaram a taxas de rotatividade consistentemente altas. Numerosos estudos documentaram uma sólida relação entre a motivação do funcionário e os índices de permanência (Levine, 2001; Whitebrook e Bellm, 1999; Whitebrook e Sakai, 2003). O grau de motivação, captado pelo funcionário em seu trabalho, pode exercer efeito positivo ou negativo sobre a frequência, o desempenho, o moral, o compromisso, a autoestima, o interesse pessoal e o crescimento profissional (Bandura, 1997; Harrison e Martocchio, 1998). Os professores, ao se sentirem valorizados e respeitados, tornam-se mais suscetíveis a permanecerem em seus cargos, já aqueles que se sentem desvalorizados tendem a deixar seus empregos mais cedo. Ambientes de trabalho solidários podem, ainda, exercer um efeito positivo sobre os esforços de recrutamento de um centro de educação infantil e outros proveitos substanciais para a organização.

A produtividade é também de modo direto influenciada pelo clima motivacional estabelecido no local de trabalho. Os professores podem possuir todas as habilidades e experiências requeridas, porém, depende dos gestores criarem uma atmosfera que encoraje os indivíduos a utilizar seus plenos potenciais. Os gestores devem estar dispostos a investir tempo e esforço na construção de um ambiente motivacional positivo e devem respeitar seus funcionários como indivíduos – conhecer seus interesses pessoais, preferências, necessidades e valores – a fim de oferecer reforços significativos (Moline, 2005). Este processo deve ser contínuo, pois as circunstâncias e as necessidades dos professores estão sempre em mudança. Os gestores motivadores sensíveis a essas mudanças são capazes de criar ambientes de trabalho desafiadores e recompensadores. Além disso, eles podem capacitar seus funcionários a assumir responsabilidades, desenvolver novas habilidades, tomar decisões, tornar-se pensadores independentes e assumir papéis de liderança.

Resumo

- Muitas teorias clássicas mostram-se úteis para a compreensão das necessidades motivacionais humanas e de como elas podem ser satisfeitas no local de trabalho.
- A hierarquia das necessidades de Maslow identifica cinco níveis de necessidades fundamentais: fisiológicas, de segurança, sociais (afeto), de autoestima e de autorrealização.
- A teoria ERC agrupa as necessidades motivacionais humanas em três categorias.
  - Existência – necessidades psicológicas e de segurança essenciais.
  - Relacionamento – necessidade de interação social e relacionamentos.
  - Crescimento – anseio interno por alcançar autoestima e reconhecimento positivos.
- Herzberg descreveu duas categorias fundamentais de motivadores: aquelas associadas às responsabilidades que um indivíduo possui concernentes ao trabalho e aquelas relacionadas às condições de trabalho (por exemplo, políticas, instalações).
- McClelland atribuiu a motivação à satisfação dos desejos humanos relacionados à realização, à afiliação e ao poder ou controle. Ele acreditava que as necessidades são adquiridas por meio da experiência e da socialização.
- De acordo com a teoria da expectativa, as pessoas esperam que seus esforços sejam reconhecidos e recompensados e, quando isso não acontece, elas desenvolvem apatia no trabalho.
- A teoria da equidade reconhece que os funcionários esperam ser tratados de forma imparcial.
- Os motivadores podem ser tanto intrínsecos como extrínsecos. Os motivadores extrínsecos são recompensas externas. Já os motivadores intrínsecos criam um sentimento interno de satisfação e prazer. Para que os funcionários mantenham-se motivados, suas necessidades intrínsecas e extrínsecas devem ser satisfeitas.

Atividades para aplicação

1. Com base nas teorias descritas neste capítulo, desenvolva um questionário que poderia ser utilizado para avaliar o nível de motivação de um funcionário. Desenvolva seu questionário na Folha de Exercícios para Aplicação 2-1.
2. Conduza uma pesquisa *on-line* em *sites* que abordem o conceito de gestão motivadora. Escolha os cinco *sites* mais úteis. Na Folha de Exercícios para Aplicação 2-2, elabore um breve resumo descrevendo o tipo de informação e os recursos fornecidos.
3. Entreviste os diretores de duas escolas de educação infantil diferentes. Peça que descrevam o que fazem para motivar os membros de suas equipes. Avalie a eficácia de seus incentivos e práticas motivacionais com base no que aprendeu neste capítulo. Registre sua entrevista e sua avaliação na Folha de Exercícios para Aplicação 2-3.
4. Desenvolva uma lista de incentivos que o motivariam a melhorar seus hábitos alimentares ou de atividades físicas. Registre sua lista na Folha de Exercícios para Aplicação 2-4.

Folha de Exercícios para Aplicação 2-1

Prepare uma lista de questões eficazes para a avaliação do nível de motivação de um funcionário. Forneça um breve argumento sobre o porquê de ter incluído cada questão com base nas teorias descritas neste capítulo.

Discuta sobre como os gestores poderiam utilizar as informações deste questionário para finalidades motivacionais.

Folha de Exercícios para Aplicação 2-2

Relacione os *sites* que acredita serem os mais informativos no que diz respeito à compreensão do conceito de gestão motivadora (incluindo o endereço do *site* e uma descrição resumida de cada um deles).

A.

B.

C.

D.

E.

Outros:

Folha de Exercícios para Aplicação 2-3

Após entrevistar os dois diretores, registre as estratégias/práticas motivacionais que são comumente aplicadas no reconhecimento do desempenho dos funcionários. Em seguida, critique cada uma das estratégias com relação a sua eficácia potencial com base nas informações apresentadas neste capítulo. Enumere as vantagens e as desvantagens. Quais motivadores alternativos você recomendaria?

Estratégias motivacionais utilizadas pelo Diretor A

Estratégias motivacionais utilizadas pelo Diretor B

Folha de Exercícios para Aplicação 2-4

Desenvolva uma lista de incentivos que o motivariam a melhorar seus hábitos alimentares ou de atividades físicas.

Levando-se em conta as teorias apresentadas neste capítulo, que necessidades motivacionais cada incentivo satisfaz?

Quão eficazes você acredita que cada incentivo seria no auxílio às mudanças em sua alimentação ou atividades físicas?

O que você poderia fazer para elevar o valor motivacional desses incentivos?

Pontos de discussão

1. Quais efeitos de curto e longo prazos um aumento *x* por hora provavelmente teria sobre a motivação de um funcionário?
2. Todos os funcionários que desempenham funções semelhantes deveriam ser recompensados da mesma maneira?
3. Alguma vez você já participou de um projeto em grupo e sentiu que não foi recompensado por suas contribuições de modo justo? Aplique a teoria da equidade para explicar por que se sentiu desta maneira.
4. Como um gestor pode utilizar a necessidade de afiliação para consolidar relações eficazes na equipe?
5. Examine diversas decisões pessoais e profissionais que tenha tomado recentemente. Quais necessidades você acredita terem sido satisfeitas por suas escolhas?
6. A pessoa *x* é candidata a assumir a prefeitura de sua cidade. Seus anúncios de campanha vão ao ar todas as noites pela emissora de TV local, ela é sempre convidada para discursar sobre suas promessas e aparece em vários eventos públicos. Depois de perder a eleição, ela se retirou de todas as atividades políticas e retomou seu trabalho no escritório. Como Alderfer explicaria essa mudança?

Referências

ADAMS, J. Toward an understanding of inequity. *Journal of Abnormal Psychology*, n. 67, p. 422-436, 1963.

ALDERFER, C. P. *Existence, relatedness, and growth: human needs in organizational settings*. Nova York: Free Press, 1972.

BANDURA, A. *Self-efficacy: the exercise of control*. Nova York: W. H. Freeman, 1997.

Center for the Child Care Workforce. *Current data on the salaries and benefits of the U.S. early childhood education workforce*. Washington: Author, 2004.

DECHARMS, R. *Personal causation: the internal affective determinants of behavior*. Nova York: Academic Press, 1968.

EISENBERGER, R.; RHOADES, L. e CAMERON, J. Does pay for performance increase or decrease perceived self-determination and intrinsic motivation? *Journal of Personality and Social Psychology*, n. 177, p. 1026-1040, 1999.

HARRISON, D. A. e MARTOCCHIO, J. J. Time for absenteeism: a 20-year review of origins, offshoots, and outcomes. *Journal of Management*, n. 24, p. 305-350, 1998.

HERZBERG, F.; MAUSNER, B. e SNYDERMAN, B. *The motivation to work*. Nova York: John Wiley, 1959.

HEYLIGHTEN, F. A cognitive systematic reconstruction of Maslow's theory of self--actualization. *Behavioral Science*, n. 37, p. 39-58, 1992.

LEVINE, L. *The child care workforce*. Washington: Congressional Research Services, 2001.

MASLOW, A. *Toward a psychology of being*. 2. ed. Nova York: Van Nostrand Reinhold Company, 1968.

MCCLELLAND, D. C. e BURNHAM, D. H. Power is the great motivator. *Harvard Business Review*, n. 54, v. 2, p. 100-110, 1976.

MOLINE, L. A. Unlocking the potential of your employees: the not-so-secret secrets of motivational leadership. *Government Finance Review*, n. 21, v. 1, p. 12-16, 2005.

PACINI, L. A. The power of empowerment. *Young Children*, n. 55, v. 6, p. 83-85, 2000.

VROOM, V. H. *Work and motivation*. Nova York: John Wiley, 1964.

WAHBA, M. e BRIDWELL, L. Maslow reconsidered: a review of research on the need theory. *Organizational Behavior and Human Performance*, n. 15, p. 212-240, 1976.

WHITEBROOK, M. e BELLM, D. *Taking on turnover: an action guide for child care center teachers and directors*. Washington: Center for the Child Care Workforce, 1999.

WHITEBROOK, M. e SAKAI, L. Turnover begets turnover: an examination of job and occupational instability among child care center staff. *Early Childhood Research Quarterly*, n. 18, v. 3, p. 273-293, 2003.

Recursos da web

Employer-Employee. com: www.employer-employee.com
GovLeaders.org: www.govleaders.org
Mind Tools (leadership and motivation): www.mindtools.com
Small business know-how: www.businessknowhow.com
Workforce management: www.workforce.com

Capítulo 3

O gestor motivador

Jupiterimages/Photos.com

Objetivos

Após a leitura deste capítulo, você vai ser capaz de:

- Discutir sobre como os indivíduos geralmente tornam-se gestores nas organizações.
- Descrever diversas funções-chave que se espera que sejam desempenhadas pelos gestores.
- Comparar e diferenciar os estilos de liderança autocrático e participativo, incluindo as vantagens e limitações de cada um deles.
- Fazer distinção entre as lideranças transacional e transformacional.
- Descrever como um gestor comum pode se tornar um gestor motivador.

Palavras-chave

- atributos
- autocrático
- consultivo
- definitivo
- *laissez-faire* ou liberal
- participativo
- punitivo
- traços
- transacional
- transformacional

> *"Dar o exemplo não é a melhor maneira de influenciar os outros. É a única."*
>
> Dr. Albert Schweitzer

Introdução

O conceito de liderança é o assunto do qual este capítulo vai tratar, mas, antes de voltarmos a atenção ao tópico, gostaríamos de enfatizar que sempre que os termos *gestor* e *liderança* forem mencionados neste livro, seu uso não estará limitado ao indivíduo que detém determinado título formal ou que ocupa um cargo designado. Os gestores motivadores são encontrados por toda a organização. Eles apresentam vários títulos distintos, incluindo professores-titulares, diretores, gestores de equipe e coordenadores de uma escola de educação infantil. Em outras palavras, todos que tomam decisões, tutores ou aqueles que encorajam o desempenho de outros funcionários apresentam qualidades de liderança.

Nos capítulos 1 e 2, discutimos várias teorias motivacionais importantes e as necessidades dos funcionários no local de trabalho. Agora, vamos voltar a atenção aos indivíduos que ocupam cargos de liderança e enfocar suas qualificações, papéis e responsabilidades pessoais, bem como os estilos de liderança deles. Por fim, vamos discutir sobre as práticas que vão ajudá-lo a se tornar um gestor motivador exemplar.

Motivação para liderança

Alguns indivíduos recebem algum tipo de formação em gestão, porém muitas pessoas encontram-se em cargos de liderança por razões não relacionadas a suas qualificações para a função. Este padrão é especialmente verdadeiro em escolas de educação infantil (Bloom, 1997). Algumas pessoas tornam-se gestores em virtude de terem trabalhado durante a maior parte do tempo para a organização ou por ninguém mais se habilitar a assumir as responsabilidades inerentes ao papel de um gestor. Outros podem buscar ativamente cargos de liderança por apreciarem o reconhecimento ou determinado título formal. E há ainda alguns indivíduos que conquistaram o respeito e a admiração dos colegas por terem demonstrado suas habilidades de liderança ou que tenham um sincero interesse em contribuir para a organização.

Independentemente do caminho que levou certo indivíduo a um cargo de liderança, seu desempenho é o que realmente importa. O sucesso ou o fracasso de determinada escola de educação infantil depende basicamente da qualidade de sua liderança, pois os gestores motivadores definem o comportamento de uma organização por meio de sua capacidade de influenciar quase todas as funções, que incluem:

- O processo de tomada de decisões.
- O uso de poder e autoridade.
- Alocação de recursos.
- Estabilidade da escola.
- Comportamento e desempenho dos funcionários.
- Resolução de conflitos.
- Satisfação do cliente.

A liderança eficaz permite que determinada organização atue sem problemas e conquiste suas metas e objetivos. De modo contrário, uma liderança deficiente pode contribuir para a ineficiência, confusão, funcionários descontentes, perda de clientes e consequente falência de tal organização.

Os gestores motivados para a liderança desempenham um papel fundamental para assegurar o êxito de determinada escola de educação infantil, pois eles compreendem o panorama geral e não se sentem embaraçados por pequenos problemas e mínimos detalhes. Eles devem ser capazes de avaliar as situações de modo eficiente, formular planos de reação e reunir os recursos necessários para alcançar determinado objetivo. Eles devem estabelecer confiança e lealdade entre os funcionários por meio do apoio, da orientação e da inspiração. Em outras palavras, as organizações dependem dos gestores motivadores para tomar decisões corretas, estabelecer e manter linhas abertas de comunicação com os funcionários e atingir as metas e missões da organização.

O papel da liderança tem sido objeto de diversos estudos, no entanto muitas questões permanecem sem resposta. Por exemplo, há um caminho específico a ser percorrido para se tornar um gestor? As pessoas nascem para serem gestores ou adquirem as habilidades de liderança por meio de treinamento e experiência? Qual é o estilo de liderança mais eficaz? Um gestor deve ser orientado para pessoas ou resultados? É mais produtivo dividir as responsabilidades de liderança ou uma única pessoa deve estar no comando? Uma compreensão mais evidente sobre os efeitos e a importância da liderança motivadora para uma organização e seus funcionários continua a se desenvolver à medida que algumas respostas a essas perguntas surgem.

Palavra do diretor

Quais desafios motivacionais você enfrenta atualmente na escola de educação infantil em que atua?

"Visto que sou relativamente nova nessa escola, acredito que estabelecer confiança com os professores é o mais importante. Quero que saibam que levo seus interesses a sério e que sempre me preocupo com eles. Também continuo tentando aprender o que motiva os membros da equipe, como indivíduos, pois creio que esse aspecto seja fundamental para a motivação bem-sucedida."

Michelle Scott
Diretora da escola de educação infantil
Ballard Community Center, Lawrence

Qualidades pessoais de gestão

Por décadas, pesquisadores ficaram intrigados pela possibilidade de que gestores excelentes detenham certos **traços** excepcionais que os distinguem dos não gestores. Eles acreditavam que essas qualidades inatas eram exclusivas a certos indivíduos e, portanto, responsáveis por uma liderança bem-sucedida deles (Mann, 1959; Stogdill, 1948). Pesquisadores começaram a estudar uma diversidade de características, tais como: altura, peso, cor dos olhos, inteligência, atratividade, etnia, sexo, idade, orientação política e religiosa, personalidade, popularidade e situação socioeconômica na tentativa de determinar se algum traço poderia indicar certa aptidão para a liderança. Entretanto, uma relação **definitiva** das qualidades compartilhadas por gestores talentosos nunca foi alcançada, acabando com a especulação em torno de os indivíduos nascerem com habilidades de liderança especiais.

Ligando os pontos

Gestores e professores possuem muitas qualidades em comum. Frequentemente, as crianças veem seus professores como pessoas especiais que parecem saber a respeito de tudo. Lembre de seu professor favorito por um momento.

- Por que você considera esse professor fora de série?
- Quais qualidades você acredita serem especialmente admiráveis nele?
- Entre essas qualidades, caso haja alguma, qual você acredita ser importante que um gestor motivador apresente? Explique.
- Essa pessoa demonstrou algum aspecto que considere inapropriado para um gestor motivador no ambiente de trabalho? Descreva.

Gestores eficazes demonstram:

- Integridade.
- Respeito.
- Abertura e confiança.
- Confiabilidade.
- Inteligência.
- Anseio pessoal ou ambição.
- Sólida ética no trabalho.
- Comportamento para assumir riscos.
- Autoconfiança.
- Iniciativa.
- Senso de humor.
- Adaptabilidade.
- Capacidade de trabalhar com os outros e de supervisioná-los.
- Visão.

Quadro 3-1 Qualidade dos gestores eficazes.

Apesar da falta de evidências, a maioria das pessoas concordaria que gestores bem-sucedidos tendem a apresentar certos **atributos** de liderança (Quadro 3-1). Relações semelhantes dessas qualidades são mencionadas em quase todos os livros publicados sobre o tópico liderança. Embora essas relações sejam razoavelmente consistentes, as diferenças podem refletir a complexa natureza do papel da liderança e dos diversos ambientes nos quais os gestores normalmente atuam. As variações existentes nas metas e nos objetivos de uma escola de educação infantil, a natureza dos funcionários (por exemplo, formação, experiência, valores, personalidade) e as necessidades e expectativas dos clientes requerem diferentes combinações de habilidades de liderança (Gardner, 1989). Contudo, pode ser verdade que gestores que apresentem distintos traços de liderança sejam capazes de abordar problemas semelhantes, porém em seu estilo próprio e único.

Papéis do gestor

A qualidade de uma escola de educação infantil, geralmente, é reflexo direto de sua gestão. Espera-se que os gestores atraiam e retenham funcionários dedicados. As escolas infantis também dependem de seus gestores para manter as organizações funcionando sem problemas, levando-se em conta sua capacidade de continuamente reunir informações relevantes, manter linhas abertas de comunicação e tomar decisões de risco. Elas contam com seus gestores para reconhecerem oportunidades e mobilizarem recursos necessários para que possam mover-se em novas direções.

Uma vez que a liderança motivadora é fundamental para o êxito e a vitalidade de determinada escola, os pesquisadores continuam a examinar os papéis essenciais que devem ser desempenhados pelos gestores. Essas responsabilidades podem incluir a capacidade de:

- Organizar.
- Facilitar.
- Comunicar.
- Motivar.
- Tutorar.
- Estabelecer uma visão.
- Criar equipes.
- Mediar.
- Delegar.
- Inovar.
- Ser um modelo a ser seguido.

Tais listas podem ser benéficas para a identificação e avaliação dos candidatos a certo cargo de liderança; entretanto, os indivíduos podem não ser proficientes em todos os aspectos da liderança e esse aspecto pode não ser necessário. Em alguns casos, as escolas podem, propositalmente, buscar indivíduos que detenham uma competência específica para abordar problemas atuais, atingir metas e objetivos existentes ou desenvolver novas iniciativas.

Geralmente, supõe-se que os gestores serão capazes de desempenhar responsabilidades rotineiras, bem como de reagir a desafios imprevistos. Portanto, quanto maior forem sua flexibilidade e repertório de habilidades, maior vão ser suas chances de êxito. Todavia, uma vez que os gestores atuam em diversos níveis em uma organização, pode não ser necessário que todos eles apresentem o mesmo nível de competência. Situações diferentes (e circunstâncias que mudam de forma contínua) normalmente requerem o uso de diferentes habilidades de liderança. Gestores que não detêm competência em certos papéis da liderança podem desenvolver novas habilidades e melhorar sua proficiência com o tempo. Além disso, eles podem recorrer a outros gestores que apresentem aptidão em áreas que eles não dominem dentro e fora da organização.

Ligando os pontos

O gestor A está tentando organizar uma série anual de cursos de formação de desenvolvimento profissional para os professores da escola de educação infantil. O gestor B está tentando resolver uma rivalidade existente entre dois dos professores da classe.

- De quais habilidades de liderança cada um desses gestores necessitam para cumprir as responsabilidades de forma bem-sucedida?
- Como essas habilidades se comparam? Como diferem entre si?
- Quais opções podem ser consideradas pelo gestor B sendo que a resolução de conflitos não é um de seus pontos fortes como gestor?

Alguns gestores também trabalham de modo mais eficiente a fim de satisfazer as necessidades de certos grupos de funcionários. Por exemplo, um gestor pode ter um conhecimento de primeira mão concernente a responsabilidades específicas da sala de aula e, logo, ser capaz de identificar-se mais diretamente com as preocupações de seus professores com questões de segurança ou escassez de pessoal. Outros gestores possuem melhor compreensão de certos valores culturais e são capazes de se comunicar e abordar as necessidades singulares de seus funcionários de maneira sensível. Além disso, as distinções de personalidade podem exercer influência sobre a eficácia da liderança, melhorando ou interferindo nas relações trabalhistas.

Estilos de gestão

A maneira como um indivíduo guia, modela e lidera os outros rumo a uma realização ou resultado é comumente denominada *estilo de liderança*. Durante décadas, esse tópico foi submetido a vastos estudos e examinado sob uma diversidade de perspectivas, incluindo o processo de tomada de decisão, se os gestores mostram-se preocupados com os resultados ou com a capacitação de seus funcionários e como os recursos são alocados (House e Aditya, 1997). As descobertas contribuíram para melhorias na compreensão da liderança e no seu resultado sobre o sucesso organizacional.

Tomada e controle de decisões

Um modo de compreender o estilo de liderança e sua influência sobre certa organização é levar em conta quem controla o poder e a autoridade de tomar decisões e de quanto apoio e envolvimento os funcionários dispõem no processo (Vroom, 1974). Quatro estilos básicos foram definidos:

- Autocrático.
- Consultivo.
- Participativo.
- *Laissez-faire* ou liberal.

Gestores que apresentam estilo **autocrático** detêm pleno controle sobre todas as responsabilidades concernentes à tomada de decisões. Os funcionários não são consultados, porém recebem instruções sobre como devem realizar determinada tarefa e, então, são monitorados de modo rigoroso conforme trabalham. Essencialmente, o gestor autocrático define a política e tem todas as ideias. Não há espaço para críticas construtivas por parte dos funcionários, nem na formulação de uma tarefa, nem na sua realização. Se o gestor autocrático comete um erro na definição de uma tarefa ou na realização de uma atribuição, o funcionário, provavelmente, vai sofrer alguma consequência negativa. Embora esse estilo de liderança limite a iniciativa de dar sugestões e a criatividade de um funcionário, há momentos em que ele pode ser empregado de forma apropriada no ambiente do trabalho com a primeira infância. Por exemplo, se você estiver trabalhando com professores recentemente contratados ou com uma equipe cujas habilidades e experiência são limitadas, ou ainda, se estiver tentando implementar um novo procedimento, é necessário fornecer instruções claras e explícitas.

Gestores que apresentam um estilo **consultivo** tendem a escutar atentamente as sugestões e os comentários dos funcionários, porém sempre tomam a decisão final sobre o que e como será feito e quem será designado a uma tarefa. O gestor, neste caso, também supervisiona o trabalho de seus funcionários com proximidade. Novamente, há essencialmente uma pessoa, o gestor, que assume a responsabilidade pela formulação, atribuição e realização da tarefa (Yukl, 1994). Apesar de os funcionários serem encorajados a contribuir com suas ideias, perguntas e avaliações, suas ações não são, necessariamente, convertidas em implementações.

O estilo **participativo** reflete a abordagem do trabalho em equipe e é, geralmente, considerado mais democrático que os demais estilos de liderança. Os funcionários são encorajados a participar dos processos de tomada de decisões e de resolução de problemas, normalmente, em grupo. Essa abordagem de equipe é caracterizada por:

- Sugestões e discussões consideráveis por parte dos funcionários.
- Decisões alcançadas coletivamente antes de serem apresentadas ao gestor.
- Liderança que concede a aprovação final.

Os funcionários recebem instruções mínimas e são relativamente livres para determinar como uma tarefa pode ser mais bem realizada para atingir um resultado satisfatório. Por exemplo, uma abordagem participativa é comumente aplicada em escolas de educação infantil quando planos de ensino e projetos são individualizados (*individualized education plans* – IEP), então conferências e reuniões de equipe são conduzidas. Essa forma de liderança é mais eficaz com funcionários qualificados e experientes e, além disso, gera autoconfiança, autoestima, crescimento profissional e habilidades para uma futura liderança.

Finalmente, o estilo de liderança ***laissez-faire* ou liberal** volta todas as responsabilidades da tomada de decisões aos funcionários. Nessa abordagem não interventiva, as decisões são tomadas e as tarefas realizadas com direcionamento e suporte mínimos (ou nulos) por parte da liderança. Esse estilo funciona bem com funcionários altamente qualificados e se beneficia com suas habilidades e criatividade. No entanto, a falta de direcionamento definido ou de um gestor designado pode resultar em confusão, desorganização, tarefas que podem não ser realizadas de acordo com o plano original e resultados que diferem das expectativas originais. Apesar das potenciais limitações, o estilo *laissez-faire* ou liberal pode funcionar de forma eficaz em situações nas quais os gestores desejam maximizar a criatividade e as habilidades dos funcionários. Sessões de *brainstorming*, por exemplo, encorajam os participantes a expressarem suas ideias e preocupações sem restrições. Devem ser estabelecidas diretrizes de responsabilidade explícitas, contudo, um gestor pode achar que nada de concreto foi feito, apesar das boas intenções.

Palavra do diretor

Quais estratégias motivacionais você acredita serem eficazes para elevar o ânimo da equipe?

"Acredito que escutar os professores e implementar suas sugestões sempre que possível é muito eficaz para levantar o ânimo da equipe. Eu também encorajo meu pessoal a servir em várias comissões na escola de educação infantil e em hospitais. Os membros da equipe também valorizam os certificados e os eventos especiais oferecidos em reconhecimento a seus esforços tanto de equipe como individuais."

Candy Seltman
Diretora administrativa
Shawnee Mission Medical Center
Child Care Center
Shawnee Mission

Orientação para pessoas *versus* tarefas

Os estilos de liderança também foram estudados a partir de uma perspectiva comportamental e caracterizados pelo modo por meio da qual os gestores distribuem seu tempo, esforços e recursos (Blake e Mouton, 1964; Yukl, 1994). Por exemplo, alguns gestores adotam uma abordagem orientada para a tarefa e, então, medem seu êxito pessoal com base nos feitos de uma organização. O gestor orientado para a tarefa enxerga os funcionários como um meio para atingir um fim. Em outras palavras, os funcionários recebem a atribuição de tarefas e o direcionamento e, além disso, devem alcançar metas predeterminadas de acordo com as normas estabelecidas pelo gestor. Ao contrário, os gestores orientados para pessoas tendem a mostrar maior preocupação e respeito com relação a seus funcionários, como indivíduos. Eles são mais propensos a dedicar tempo e atenção para construir um relacionamento com os funcionários do que para alcançar metas (Horner, 2003).

A maior parte dos gestores é capaz de exercer um estilo que esteja entre esses dois extremos, ajustando sua abordagem e suas expectativas a fim de cumprir as demandas de uma situação em particular. Por exemplo, um diretor de uma escola de educação infantil que é bem-sucedido, ao recrutar pais de alunos para auxiliar na reforma da área de recreação externa, pode pedir que o grupo escolha seu próprio coordenador de projetos. Essa abordagem livra o diretor da necessidade de nomear um gestor e de assumir o risco de magoar um integrante; no entanto, assegura que alguém será responsável por supervisionar o projeto.

Os tipos de liderança: transacional e transformacional

Um modelo contemporâneo para a compreensão dos estilos de liderança leva em conta o propósito do gestor e sua relação com os funcionários. Burns (1978), com base nessa noção, sugeriu que todos os gestores se encaixam em uma das duas categorias a saber: a liderança transacional e a transformacional.

A liderança **transacional** pode ser caracterizada pela maneira que um gestor atinge as metas e os objetivos de uma organização (Seltzer e Bass, 1990). Poder e autoridade são aplicados para conquistar a cooperação dos funcionários e espera-se que os trabalhadores sigam as diretivas do gestor sem questionamento. Incentivos, geralmente monetários, estão diretamente ligados ao desempenho dos funcionários e empregados a fim de motivar o aumento na produtividade. Entretanto, o efeito dessas recompensas extrínsecas, raramente, representa uma compensação adequada à frustração e ao ressentimento dos funcionários, que pode resultar em sua saída da escola. Gestores transacionais normalmente utilizam uma abordagem **punitiva** por meio da intimidação e de ações disciplinares, tais como: demitir um funcionário ou não conceder uma promoção, aumento ou dia de folga previstos a fim de punir o mau desempenho e alcançar resultados desejados. Apesar de seu jeito autoritário, gestores transacionais trabalham para conquistar a lealdade e cooperação dos funcionários com intuito de diminuir a resistência a sua abordagem.

Gestores **transformacionais**, geralmente, assumem uma abordagem criativa e visionária em seu papel de liderança (Jung, 2001). Eles, aparentemente, estão menos preocupados em alcançar metas específicas para ganho pessoal. Em vez disso, seus principais esforços enfocam a criação de mudanças em uma organização e o encorajamento dos outros a participarem de decisões importantes. Os funcionários, neste estilo, acreditam que seus esforços e contribuições são altamente valorizados. A tutoria e a inspiração recebidas pelos funcionários no local de trabalho geram autoconfiança e também contribuem para seu crescimento profissional. Ou seja, gestores transformacionais propiciam um ambiente de trabalho que satisfaz as necessidades individuais dos funcionários e reconhecem suas contribuições (Bass, 1990). Em algumas situações, o gestor transformacional pode achar necessário implementar mudanças em pequenas etapas, ou atribuir tarefas específicas a funcionários que sejam resistentes a alterações ou que prefiram uma liderança mais sólida.

Ligando os pontos

Considere determinada situação recente na qual alguém tomou uma decisão que afetou seu comportamento.

- Você achou que a decisão foi apropriada dadas as circunstâncias?
- Suas necessidades e preocupações foram levadas em consideração?
- Se você pudesse inverter os papéis, como sua decisão diferiria?

Raramente, os gestores utilizam um estilo e excluem completamente o outro. De modo geral, gestores bem-sucedidos exercem uma combinação dos estilos transacional e transformacional, a qual proporciona o máximo de flexibilidade para agir em diferentes circunstâncias. Ambos os estilos de liderança oferecem vantagens e desvantagens. Por exemplo, o estilo transacional pode ser eficaz para realizar algo rapidamente, em especial se determinado projeto for relativamente simples, as habilidades dos funcionários limitadas ou na existência de um prazo curto. Contudo, quando apenas esse estilo é empregado, ele pode conduzir à desmotivação dos funcionários, à falta de comprometimento e à insatisfação no trabalho. Os gestores transformacionais podem servir de instrumentos para energizar os funcionários e mover uma escola de educação infantil para novas direções. Porém gestores que exercem apenas esse estilo podem tornar-se distraídos pelo processo e acabar obtendo um sucesso limitado.

Qual estilo é o correto?

Gestores bem-sucedidos entendem que não há um estilo melhor de liderança. Aqueles que exercem um único estilo de liderança acreditam não serem capazes de corresponder efetivamente às necessidades da organização em muitos casos. As diferenças relacionadas a estrutura, metas, objetivos, funcionários, localização geográfica e clientes de determinada escola de educação infantil (entre outros fatores) requerem diferentes tipos de liderança.

Há vários outros critérios que os gestores podem empregar na decisão sobre o estilo de liderança apropriado.

- A natureza da tarefa ou problema a ser abordado.
- Pontos fortes, limitações, valores, qualificações e competência dos funcionários para a tomada de determinadas decisões.
- Com que rapidez uma decisão deve ser tomada.
- Quem possui as informações necessárias para a tomada de uma decisão confiável.
- A personalidade do gestor: quão confortável ele se sente em delegar responsabilidades do controle ou da tomada de decisões a outros.

Escolher e implementar um estilo de liderança eficaz requer que os gestores avaliem uma situação de modo cauteloso, modifiquem seu comportamento e interajam com os funcionários quando for apropriado. Isto é, boas habilidades para a tomada de decisões permitem que os gestores motivadores otimizem sua forma de reagir a novos desafios e de mudar situações.

Tornando-se um gestor motivador

Gestores motivadores diferenciam-se dos gestores comuns pela capacidade de interagirem com os funcionários e influenciarem seu comportamento (Quadro

3-2). Eles influenciam o desempenho reconhecendo os esforços e as contribuições dos funcionários, independentemente de sua significância. Por exemplo, uma palavra gentil dirigida a um professor que permaneceu até mais tarde para atender uma mãe chateada ou um bilhete amável deixado na mesa do professor auxiliar parabenizando-o pela atividade inovadora de ciências são atos simples, mas que propiciam a autoconfiança em um funcionário e reforçam a possibilidade de desempenhos semelhantes ou melhorados no futuro.

Gestores motivadores investem, com boa vontade, tempo e esforço para conhecer as aptidões, limitações, estilos de trabalho, necessidades, históricos e níveis de conforto individuais dos funcionários. Eles alcançam o espírito colaborativo desenvolvendo os pontos fortes, encorajando a criatividade, recebendo bem as sugestões dos funcionários, fornecendo avaliação construtiva e dando exemplo positivo. Gestores bem-sucedidos mantêm linhas de comunicação abertas e permanecem disponíveis para consulta e assistência. Eles também reconhecem que os funcionários encontram-se em diversos estágios de suas carreiras profissionais e, por essa razão, modificam a natureza e a intensidade de suas orientações conforme necessário.

Gestores motivadores

- Esforçam-se para enxergar o lado positivo das situações.
- Elogiam os outros com frequência.
- Encorajam os demais a compartilhar suas ideias e opiniões.
- São pacientes e bons ouvintes.
- Dão bons exemplos para que os outros sigam.
- São solidários e encorajam os demais, especialmente aqueles que possuem experiência limitada em uma nova tarefa ou função.
- Acreditam que um ambiente de trabalho agradável melhore as relações trabalhistas e a produtividade.
- Buscam maneiras de melhorar suas próprias habilidades de liderança de modo contínuo.
- Evitam responsabilizar os outros.
- Entendem que as pessoas cometem erros e tentam aplicar a experiência como oportunidade de aprendizagem.
- Respeitam o fato de os outros apresentarem distintas necessidades, preocupações e valores e procuram ser sensíveis a essas diferenças.

Quadro 3-2 Características dos gestores motivadores.

A arte de criar um ambiente de trabalho agradável é outro diferencial dos gestores motivadores. Eles monitoram continuamente o ânimo de seus funcionários e são sensíveis a mudanças em sua atitude, aparência, comprometimento e hábitos de trabalho. Gestores motivadores apoiam e encorajam seus funcionários a experimentar, criar mudanças e desenvolver seus potenciais únicos. Eles propiciam uma atmosfera na qual a iniciativa é valorizada e o aprendizado extraído dos erros é a expectativa. Além disso, reconhecem que fazer uso da influência de sua posição ou fazer exigências excessivas aos funcionários não tende a gerar resultados positivos e de longo prazo e, em vez disso, podem contribuir para a insatisfação dos membros da equipe e consequente desistência.

Os gestores motivadores dedicam-se a auxiliar os funcionários a desenvolver as próprias motivações pessoais, reduzindo, assim, a dependência com relação aos outros para encorajamento e apoio. Sustentar essa importante transição é um passo fundamental no favorecimento do crescimento profissional entre os funcionários. Esta é realizada por gestores motivadores que capacitam os funcionários para que definam metas pessoais, beneficiem-se de oportunidades de aprendizagem, busquem e recebam avaliação construtiva e aceitem novos desafios e responsabilidades.

Os gestores devem se automotivar, antes que possam estimular os outros com êxito. Logo, é importante que reservem um tempo para refletirem sobre suas metas e objetivos tanto pessoais como profissionais, seu estilo de liderança, seu nível de comprometimento e suas habilidades interpessoais. Esse processo contínuo permite que os gestores avaliem a eficácia de suas decisões e de seu desempenho e que, também, considerem as áreas que requerem melhorias. Somente, então, os gestores motivadores poderão ser eficazes em seus papéis e servir de inspiração aos funcionários.

Resumo

- Muitos gestores não possuem formação em liderança, porém acabam por ocupar cargos desse tipo.
- Liderança eficaz requer uma combinação de interesses, habilidades, oportunidade e formação.
- Gestores bem-sucedidos possuem muitas qualidades pessoais ou traços em comum.
- Gestores exercem influência sobre praticamente todas as operações funcionais em uma organização, da comunicação à inovação e formação da equipe.
- Estilos de liderança exercem efeito direto sobre o desempenho e o comprometimento de determinado funcionário.
- É importante que os gestores sejam sensíveis às diferenças culturais, tipos de personalidade e estilos de aprendizado individuais quando tutoram os funcionários.
- Estilos de liderança autocrático, consultivo, participativo e *laissez-faire* ou liberal refletem as diferenças no controle e uso do poder, da autoridade e da tomada de decisão.

- Alguns gestores demonstram maior preocupação com o cumprimento das tarefas que com a elaboração de relações com os funcionários.
- O principal objetivo da liderança transacional é a realização de tarefas. Gestores transformacionais estão interessados em mudanças e nos processos necessários para sua realização.
- Nenhum estilo de liderança funciona efetivamente em todas as situações.
- Gestores motivadores são capazes de trazer à tona o melhor de seus funcionários: eles oferecem apoio, encorajamento, reconhecimento de esforços individuais e inspiração.

Atividades para aplicação

1. Identifique um empregador/empresário que você considere excelente gestor. Prepare uma lista de suas qualidades de liderança e registre-a na Folha de Exercícios para Aplicação 3-1.
2. Entreviste os diretores de quatro escolas de educação infantil. Descubra o que consideram as mais desafiadoras necessidades de seus funcionários e quais motivadores oferecem para levantar o ânimo da equipe. Registre seus resultados na Folha de Exercícios para Aplicação 3-2.
3. Leia um dos seguintes livros: *Random acts of kindness* de D. Kingma e D. Markova, *Attitudes of gratitude* de M. J. Ryan, *The 7 habits of highly effective people* de S. R. Covey [*Os 7 hábitos das pessoas altamente eficazes*, Best Seller, 2009]. Faça um resumo dos princípios descritos no livro e discuta sobre sua aplicação para os gestores da área da primeira infância na Folha de Exercícios para Aplicação 3-3.
4. Utilizando a Folha de Exercícios para Aplicação 3-4, anote suas qualidades (traços) de liderança em uma coluna e suas limitações na outra. Escolha duas limitações e estabeleça, pelo menos, uma meta de melhoria para cada uma delas. A seguir, prepare estratégias que vão ajudá-lo a atingir cada uma de suas metas.

Pontos de discussão

1. Discuta sobre experiências de trabalho nas quais você teve um gestor que exercia certo estilo de liderança autocrático. Discuta sobre situações de trabalho nas quais o gestor exercia o estilo de liderança participativo. Como os diferentes estilos interferiram no ânimo e na motivação dos funcionários.
2. Caso determinado gestor possua habilidade de comunicação insatisfatória, é possível que ele seja eficaz?
3. Debata sobre a necessidade de certo indivíduo ter formação em liderança como pré-requisito para a ocupação de um cargo desse tipo.

Folha de Exercícios para Aplicação 3-1

Nome do gestor que você considera excelente ______________________.

Quais qualidades de liderança essa pessoa apresenta?

Por que você admira essas qualidades?

Quais dessas qualidades de liderança você possui? Quais dessas qualidades você gostaria de desenvolver? O que você poderia fazer para começar a adquirir essas qualidades?

Folha de Exercícios para Aplicação 3-2

Depois de registrar os desafios motivacionais, discuta sobre o quão comuns esses problemas são em escolas infantis na sua opinião. Além disso, comente sobre a eficácia de cada motivador identificado pelos diretores.

Diretor A

Diretor B

Diretor C

Diretor D

Folha de Exercícios para Aplicação 3-3

Título do livro:__________________________

Qual é o principal tema do livro?

Você achou as informações úteis? Explique.

Escreva um pequeno resumo sobre os pontos principais discutidos pelo autor.

Como você poderia utilizar as informações contidas neste livro para o desenvolvimento de um curso de capacitação da equipe?

Folha de Exercícios para Aplicação 3-4

Minhas qualidades como gestor:	Minhas limitações como gestor:

Duas limitações que você gostaria de melhorar:

a.

b.

Estratégias que me ajudarão a atingir minhas metas:

a.

b.

Referências

BASS, B. M. From transactional to transformational leadership: learning to share the vision. *Organizational Dynamics*, p. 19-31, 1990.

BLAKE, R. e MOUTON, J. *The managerial grid*. Houston: Gulf Publishing, 1964.

BLOOM, P. Navigating the rapids: directors reflect on their careers and professional development. *Young Children*, n. 52, v. 7, p. 32-38, 1997.

BURNS, J. M. *Leadership*. Nova York: Harper e Row, 1978.

GARDNER, J. *On leadership*. Nova York: Free Press, 1989.

HORNER, M. Leadership theory: past, present and future. *Team Performance Management*, n. 3, v. 4, p. 270-287, 2003.

HOUSE, R. e ADITYA, R. The social scientific study of leadership: quo vadis? *Journal of Management*, n. 23, v. 3, p. 409-473, 1997.

JUNG, D. I. Transformational and transactional leadership and their effects on creativity in groups. *Creativity Research Journal*, n. 13, v. 2, p. 185-195.

MANN, R. A review of the relationship between personality and performance in small groups. *Psychological Bulletin*, n. 66, v. 4, p. 241-270, 1959.

SELTZER, J. e BASS, B. Transformational leadership: beyond initiation and consideration. *Journal of' Mangagement*, n. 16, v. 4, p. 693-703, 1990.

STOGDILL, R. M. Personal factors associated with leadership. A survey of the literature. *Journal of Psychology*, n. 25, p. 35-71, 1948.

VROOM, V. Decision-making and the leadership process. *Journal of Contemporary Business*, n. 3, v. 4, p. 47-64, 1974.

YUKL, G. A. *Leadership in organizations*. 3. ed. Englewood Cliffs: Prentice Hall. p. 53-75.

Em português:

ABU-DUHOU, I. *Uma gestão mais autônoma das escolas*. Brasília: Unesco, IIEP, 2002.

ARROYO, M. Administração da educação, poder e participação. *Educação e Sociedade*, São Paulo: Cortez e Moraes, ano I, n. 2, jan. 1979.

CISEKI, A. A. Conselhos de escola: coletivos instituintes da escola cidadã. In: BRASIL, Ministério da Educação. Secretaria de Educação a Distância. Salto para o futuro: construindo a escola cidadã, projeto político-pedagógico. Brasília, 1998. p. 43 - 52.

DOURADO, L. F. A escolha de dirigentes escolares: políticas e gestão da educação no Brasil. In: FERREIRA, N. (org.). *Gestão democrática da educação*: atuais tendências, novos desafios. 2ª ed. São Paulo: Cortez, 2000.

FERREIRA, N. (org.). *Gestão democrática da educação*: atuais tendências, novos desafios. 2ª ed. São Paulo: Cortez, 2000.

MENESES, J. G. de C. et al. *Educação básica*: Políticas, legislação e gestão. São Paulo: Cengage Learning, 2004.

SANTOS, C. R. dos. *A gestão educacional e escolar para a modernidade*. São Paulo: Cengage Learning, 2008.

Recursos da web

Big Dog's Leadership Guide: www.nwlink.com

Changing Minds: www.changingminds.org/techniques

FirstGov: www.firstgov.gov

Online Women's Business Center: www.onlinewbc.gov

Small Business Administration: www.sba.gov

U.S. Department of Labor, Bureau of Labor Statistics: www.bls.gov

Em português:

Ministério do Trabalho e Emprego: http:/portal.mte.gov.br.

Pequenas Empresas & Grandes Negócios: http:/ revistapegn.globo.com/.

Centro de Liderança da Mulher: www.celim.org.br.

Seção 2

ESTRUTURANDO TODO O TRABALHO

Capítulo 4

São as pequenas coisas que somam: dicas para a motivação diária

Stockbyte/Photos.com

Objetivos

Após a leitura deste capítulo, você vai ser capaz de:

- Discutir sobre a importância de compreender os valores dos funcionários e de reconhecer suas preferências.
- Descrever estratégias de comunicação eficazes e de que maneira as comunicações verbal e não verbal diferem entre si.
- Descrever as falsas percepções que os funcionários podem ter sobre seus gestores e o possível impacto.
- Explicar a importância da credibilidade do gestor e discutir como ele a constrói com seus funcionários.
- Discutir sobre como as estratégias motivacionais podem elevar o ânimo dos funcionários.

Palavras-chave

- resolução de conflitos
- credibilidade
- comprometido
- missão
- ânimo
- retiro
- valores

"As pessoas esquecerão o que disse. As pessoas esquecerão o que fez. Mas jamais se esquecerão de como as fizeram se sentir."
Desconhecido

Introdução

Até aqui, você adquiriu uma boa compreensão da teoria motivacional e dos desafios com que gestores da primeira infância e professores que trabalham nessa área se deparam. Os capítulos subsequentes deste livro foram desenvolvidos a fim de estimular sua imaginação e expandir seu repertório de habilidades motivacionais. Agora, é hora de se divertir um pouco!

A importância de conhecer seus funcionários

O gestor motivador deve dar alguns passos a fim de aprender mais sobre certo indivíduo a, simplesmente, conhecer suas qualificações para determinado trabalho. Devemos aprender a perguntar e escutar, além de identificar os talentos, limitações, valores pessoais e metas profissionais de uma pessoa. Além disso, é importante considerar o estágio da carreira de um funcionário para que os agentes motivadores sejam apropriados em relação ao desenvolvimento. O gestor motivador deve, ainda, respeitar e se importar com os funcionários que demonstram resistência a seus esforços.

Maneiras simples, porém eficazes de dizer "você é importante"

O restante deste capítulo inclui descrições de estratégias diárias que podem ser facilmente implementadas em uma diversidade de situações. Algumas foram desenvolvidas para auxiliá-lo a começar a conhecer seus funcionários, bem como seus **valores** pessoais, enquanto outras vão ajudá-lo a aprender sobre suas preferências individuais no que diz respeito ao reconhecimento e a recompensas. De modo geral, essas estratégias vão ajudá-lo a praticar um estilo motivacional de liderança positivo.

- *Reuniões "te conhecendo melhor"* – marque pequenas reuniões com cada um de seus funcionários para discutir sobre qualquer coisa que ele queira compartilhar com você – desde problemas no trabalho, sugestões de melhorias, experiências ou realizações recentes, fotos de família, férias, até informações sobre *hobbies* ou filhos. Disponibilize uma ficha de inscrição que permita que os funcionários saibam quando você vai estar disponível e assegure que os intervalos sejam pequenos. Ofereça refeições simples, como frutas frescas, pipoca, bebidas ou biscoitos; crie uma atmosfera relaxada, como em um **retiro**.
- *Levantamento dos pontos fortes e das preferências no trabalho* – desenvolva um formulário de pesquisa solicitando aos funcionários que identifiquem seus pontos fortes percebidos e indiquem o interesse deles em participar de comissões ou em auxiliar em projetos especiais.
- *Avaliação da equipe* – conduza uma avaliação personalizada, como certa atividade em equipe. Utilize uma das várias ferramentas de avaliação disponíveis na internet, ou publicadas em livros, que abordem as qualidades dos indivíduos, tais como: personalidade, estilos de comunicação, habilidades de **resolução de conflitos** e estilos de trabalho. Em equipe, discuta a respeito dos pontos fortes e fracos de determinado estilo e procure analisar seus efeitos sobre as relações no trabalho. Discuta sobre como as informações podem ser empregadas a fim de construir a solidariedade entre a equipe e ajudar as pessoas com diversos estilos a compreenderem-se mutuamente. O serviço de auxílio e orientação a pais e mães ou o centro de extensão e pesquisa locais podem auxiliar com formação profissional. O método True Colors® é amplamente aplicado nos meios profissionais e enfoca o desenvolvimento da equipe. Desenvolva essa atividade criando um quadro de avisos em uma área comum dos funcionários, no qual cada estilo será afixado juntamente com as definições desse estilo e as informações de elaboração da equipe. Certifique-se de que os participantes tenham conhecimento antecipado de que essas informações serão divulgadas e de que o compartilhamento delas é parte essencial da atividade de elaboração da equipe. Reforce que não existem respostas certas e erradas e que a diversidade do grupo é o que o torna forte. Permitir que cada pessoa conheça os estilos de comunicação, de trabalho e de resolução de conflitos e problemas dos membros da equipe vai gerar maior compreensão dos pontos fortes e da dinâmica da equipe de modo geral. Se implementada de forma correta, essa atividade não vai rotular certo indivíduo, mas, sim, enfatizar seus pontos fortes e suas preferências, além de proporcionar o crescimento e a mudança pessoal. O compartilhamento dessas in-

formações vai criar uma equipe mais forte por meio do desenvolvimento desses pontos fortes e preferências.[1]

- *Levantamento sobre reconhecimento e recompensas* – questione os funcionários a fim de descobrir que recompensa é mais significativa para eles em reconhecimento a "um trabalho bem feito". É importante saber se a pessoa prefere ou ser reconhecida publicamente ou de modo privado, bem como quais tipos de reconhecimento são significativos. Determinado funcionário pode ficar muito orgulhoso com um reconhecimento público, um outro pode se sentir constrangido. Os gestores podem utilizar alimentos, determinados doces ou guloseimas de padaria a fim de comemorar as realizações, assim como pequenos gestos de agradecimento. No entanto, comida pode não ser recompensadora para alguém com restrições na dieta; logo, nesses casos, um bilhete sincero de agradecimento pode ter um impacto mais significativo.
- *Comissões de funcionários* – crie oportunidades para que os funcionários trabalhem juntos, e como indivíduos, em projetos que reforcem as metas e a **missão** de uma escola de educação infantil. Quando os funcionários possuem senso de propriedade na escola, de modo geral, se **comprometem** e sentem que têm papel fundamental para o sucesso dele. Além disso, os funcionários podem ser envolvidos em programas de reconhecimento do desenvolvimento e em eventos sociais. Certifique-se de que cada comissão desenvolva diretrizes e metas para que não se torne um meio improdutivo de vazão das reclamações dos funcionários.
- *Reunião "um biscoito por seus pensamentos"* – no mesmo espírito de "um centavo por seus pensamentos", reserve um horário a cada mês no qual estará disponível para uma reunião informal com os funcionários. Deixe-os criar a pauta, fazer perguntas, discutir sobre os problemas deles ou, simplesmente, passe um tempo agradável com a administração. Essas reuniões devem ser intermitentes e agendadas durante a hora do sono das crianças para que os professores possam se revezar e ausentar-se da sala de aula (certifique-se de manter sempre o número de crianças e professores exigidos). Lanches também encorajam as pessoas a dar uma pausa e ajudam a criar uma atmosfera mais tranquila. Disponibilizar um tempo para ouvir os funcionários e levá-los a saber que você valoriza suas ideias e preocupações.

---

[1] É importante que seja solicitado a todos um termo de consentimento para que saibam que a participação é voluntária e consensual. Se não for conduzida apropriadamente, a atividade pode expor os professores em vez de integrá-los. (NRT)

- *Arredores da sala de aula* – passe a conhecer os funcionários fora da empresa e das salas de aula. Os gestores motivacionais entendem que a comunicação com os funcionários e sua visibilidade são indispensáveis para um **clima** saudável. Os funcionários desejam que seus gestores compreendam e valorizem aquilo com que lidam diariamente e que experimentem seu ambiente de trabalho. Programe um alarme ou lembrete no calendário de seu computador como sugestão para dar uma pausa e desenvolver relações com as pessoas.
- *Desenvolvimento de equipe* – utilize as atividades de formação de equipe como um modo divertido de levar os funcionários a se conhecer e aprender a trabalhar melhor em grupo. Você pode criar uma série de atividades de "desafio" que exijam que as pessoas trabalhem juntas para a realização de uma tarefa em grupo. Além de os grupos poderem ser pré-selecionados, essa abordagem tira as pessoas de sua zona de conforto e exige que os funcionários que interagem pouco diariamente trabalhem em conjunto. Uma forma simples de pré-seleção é empregar cores-código em rótulos ou talheres com os nomes das pessoas e, então, pedir que cada cor forme uma equipe.

  Eis alguns exemplos de socializações e atividades "te conhecendo melhor".

- *Caça ao tesouro* – encontre uma pessoa que se encaixe em uma afirmação previamente estabelecida (por exemplo, "tem mais de três filhos, mora a 1,5 quilômetro da escola de educação infantil" e "já esteve no Pão de Açúcar"). (Consulte o Apêndice B.)
- *Duas verdades e uma mentira* – faça com que cada participante escreva duas verdades e uma mentira sobre si mesmo. Então, os outros participantes tentam adivinhar qual é a mentira.
- *Pegue o quanto quiser* – passe uma tigela com balas multicoloridas pelos participantes e, então, instrua-os a dizer algo sobre si para cada bala vermelha que pegaram.

Muitos *sites* que descrevem atividades para grandes e pequenos grupos estão disponíveis na internet. Faça uma busca empregando as palavras-chave "formação de equipe", "atividades de formação de equipe" e "jogos de formação de equipe".

Estratégias não remuneradas para o encorajamento do desempenho e do comprometimento

Os gestores motivadores criam ambientes nos quais os funcionários acham seu trabalho interessante, desafiador, significativo e valorizado (Quadro 4-1). Eles discutem as metas e os objetivos da escola de educação infantil de modo claro, o que leva os funcionários a compreender o que se espera que alcancem coletiva e individualmente. Os gestores motivadores encorajam os funcionários a darem opiniões e oferecem oportunidades para que eles expressem suas ideias e sugestões para o aperfeiçoamento da função e da escola de educação infantil. Eles compreendem que, quando os funcionários possuem senso de propriedade, no que concerne às decisões que afetam o êxito da escola, são mais propensos a permanecer comprometidos com a organização. Imagine, por exemplo, uma organização na qual todo quadro de funcionários trabalhe voluntariamente e considere quais condições os faria desejar voltar para trabalhar repetidas vezes.

Em 1983, a Public Agenda Foundation conduziu um levantamento a fim de determinar os fatores considerados pelos funcionários como os mais recompensadores em seus trabalhos (Yankelovich, 1983). Apesar de esse estudo ter sido realizado há mais de 20 anos, os resultados ainda podem ser aplicados atualmente. Os itens estão ordenados a partir do mais recompensador.

1. Trabalhar com pessoas que os trate com respeito.
2. Ter um trabalho interessante.
3. Receber reconhecimento pela realização de um bom trabalho.
4. Ter a oportunidade de desenvolver novas habilidades.
5. Trabalhar para pessoas que os escute se tiverem ideias sobre como fazer as coisas de uma maneira melhor.
6. Ter oportunidades para pensarem por si mesmos, em vez de apenas executar ordens.
7. Ver os resultados de seu trabalho.
8. Trabalhar para gestores eficazes.
9. Ter uma função que não seja tão fácil.
10. Ser bem informado sobre o que acontece.
11. Ter segurança no trabalho.
12. Receber um salário alto.
13. Receber bons benefícios.

Obviamente, algo além de dinheiro e benefícios deve servir como motivação se você desejar um investimento emocional de seus funcionários e levá-los a permanecer na escola de educação infantil.

Fonte: D. Yankelovich. *Putting the work ethic to work*. Nova York: Public Agenda Foundation, 1983.

Quadro 4-1 As preferências motivacionais dos funcionários.

Gestores eficientes utilizam múltiplas estratégias para motivar o desempenho dos funcionários. Eles devem estabelecer um relacionamento de confiança e **credibilidade** mútuas a fim de conquistar respeito e cooperação. Ao confiarem no gestor, suas próprias autoconfiança e autoestima normalmente aumentam. Uma estratégia eficaz comumente aplicada por gestores bem-sucedidos requer comunicação aberta e frequente com os funcionários. Quando a motivação se torna uma prática diária, os gestores e colegas passam a dedicar menos tempo e atenção às limitações e aos erros de um indivíduo. Pelo contrário, essas experiências tornam-se oportunidades de aprendizagem positivas que acabam por melhorar o desempenho e o desenvolvimento profissional de certo funcionário.

Palavra do diretor

Quais estratégias motivacionais você acredita serem eficazes para elevar o ânimo da equipe?

"Escutar, escutar e escutar a equipe com sinceridade e compreensão! Dizer 'obrigada' regularmente leva os funcionários a saber o quanto você valoriza os esforços deles. Também descobri que não permitir que pessoas com baixo desempenho sejam responsáveis por menos do que a postura ou o desempenho aceitáveis causou efeito positivo sobre todos os membros da equipe. Isso transmite a todos a mensagem de que estamos comprometidos com padrões elevados."

Patricia Maddox, diretora
Dealey Child Care Center
Presbyterian Hospital of Dallas

Estratégias para a comunicação eficaz

Assim como dizem nas imobiliárias, "é tudo uma questão de localização, localização, localização". Os gestores motivadores compreendem que, ao gerenciar um grupo de pessoas, é tudo uma questão de comunicação, comunicação, comunicação. Os funcionários desejam saber o que está acontecendo na organização. Eles querem estar informados, compreender o panorama geral e ter voz ativa. Um colapso na comunicação provoca, rapidamente, frustração e negatividade. Sugerimos algumas ferramentas para melhorar a eficácia da comunicação.

- *Relatório diário* – o relatório diário é distribuído todas as manhãs e inclui informações, como: a declaração da missão da escola de educação infantil; uma citação inspiradora; o anúncio de eventos especiais; aniversários dos funcionários; agradecimentos aos funcionários que chegam cedo, aos que permanecem até tarde, realizam esforços adicionais e assim por diante; "PSI (para sua informação)" incluindo atualizações da organização, lembretes, informações sobre a política da empresa e informações que possam ter alguma influência sobre o dia; a previsão do tempo, incluindo quaisquer alertas de saúde que possam restringir brincadeiras ao ar livre; e um relatório dos funcionários, incluindo uma lista de substitutos ou de funcionários terceirizados, salas de aula nas quais eles trabalham e faltas agendadas ou não agendadas para o dia. (Esses aspectos também levam a maior conhecimento sobre faltas frequentes e eleva a responsabilidade dos funcionários.)

- *Notícias de segunda-feira de manhã* – esta é uma versão semanal do relatório diário ou pode ser um meio de comunicação adicional para animar as manhãs de segunda com informações inspiradoras e humor.
- *Quadro de sugestões* – um quadro de sugestões dos funcionários permite que as pessoas façam perguntas que não desejam realizar pessoalmente. Você pode desejar estabelecer diretrizes, como que qualquer reclamação deve incluir sugestões de melhorias. Os comentários são, então, coletados mensalmente (ou com mais frequência, se possível) e é dada uma resposta por escrito a cada comentário e distribuída a todo o pessoal. Você também pode criar um título sugestivo, como "Estação de comunicação" ou "Pergunte a (nome do diretor)". Enquanto alguns comentários podem parecer um tanto negativos, o procedimento permite que frustrações venham à tona e que o diretor as aborde em sua política, procedimento, metas centrais e informações de planos de ação. Essa é uma oportunidade de redirecionar frustrações negativas para soluções positivas. Por exemplo, perguntas que abordem problemas de desempenho de funcionários podem ser respondidas com uma política específica, uma explicação sobre o processo de plano de ação corretivo e um lembrete de que todos os problemas relacionados ao desempenho são abordados de maneira confidencial.
- *Registro de comunicação* – disponibilizar um caderno de comunicação na recepção e em cada sala de aula facilita a comunicação entre os funcionários que trabalham em diferentes turnos.
- *Comunicado no banheiro* – pode parecer sem importância, mas fixar informações na parte interna da porta do banheiro é uma maneira eficaz de atrair a atenção das pessoas.
- *Caderno dos substitutos* – você pode criar um caderno de informações para cada sala de aula que contenha informações importantes que um professor substituto queira saber. O caderno deve incluir informações de contato

administrativo e de onde os substitutos podem encontrar suprimentos, equipamentos de primeiros socorros e informações de registro das crianças.

- *Reuniões de equipe* – é importante reunir todos os funcionários para discutir sobre os problemas da equipe a fim de propiciar oportunidades de comunicação, colaboração, desenvolvimento profissional, formação da equipe e estabelecimento de metas eficazes. Cada reunião deve ter uma estrutura de pauta e tempo que deve ser seguida. Ao manter a reunião no ritmo certo e no tempo preestabelecido, você demonstra respeito pelo tempo e pela vida pessoal de seus funcionários. Você pode criar uma "caixa de dúvidas/sugestões" para questões que não estejam na pauta, mas que acabaram surgindo e que não podem ser abordadas durante aquela reunião. A "caixa de dúvidas/sugestões" é um título sugestivo para uma maneira de documentar questões que não podem ser abordadas de forma que você as reconheça e lembre-se de discuti-las em uma reunião posterior. Um tripé ou um quadro-branco pode ser utilizado para registrar os itens da "caixa de dúvidas/sugestões", que devem ser incluídos em sua pauta para a próxima reunião ou delegados a comissões menores para que estas os abordem e informem suas recomendações ao grupo. Além disso, alguém deve ser designado para redigir as minutas e distribuí-las a todos os funcionários após a reunião.
- *Mesa-redonda* – em cada reunião de equipe, deve-se reservar um tempo para uma "mesa-redonda", na qual e dada a oportunidade para que cada pessoa faça sugestões, comentários ou compartilhe preocupações.

Ligando os pontos

Por um momento, pense em alguém que ocupe um cargo de autoridade ou influência que você acredita ser confiável e fidedigno.

- O que essa pessoa fez para conquistar sua confiança?
- Quais qualidades de liderança ele demonstrou?
- Compare essa pessoa com alguém que tenha perdido a credibilidade como gestor.
- Descreva como são diferentes.
- Quando um gestor perde a credibilidade e a confiança dos funcionários, quão difícil é reconquistá-las? Explique.
- Qual é a qualidade de liderança mais importante para a construção e a manutenção da credibilidade por parte dos funcionários?

Estratégias para a construção de confiança e credibilidade

"Queremos acreditar em nossos gestores. Queremos ter fé e confiança neles como pessoas. Queremos acreditar que podemos confiar em seu trabalho, que eles possuem conhecimentos e habilidades para liderar e que eles sentem-se empolgados e entusiasmados em relação à direção para a qual somos guiados. A credibilidade é o alicerce da liderança" (Kouzes e Posner, 1993).

Ser um gestor fidedigno e desenvolver um clima de confiança entre os funcionários terá impacto positivo sobre o ambiente. A consistência e a comunicação eficaz ajudam a construir a confiança e quando suas ações correspondem a suas palavras, você também ganha credibilidade (Quadro 4-2). Esteja consciente de seu estilo de comunicação, bem como das mensagens verbais e não verbais que possa estar transmitindo. As ações, realmente, falam mais alto do que as palavras. Estudos mostram que, quando estamos falando, o ouvinte interpreta a maior parte da mensagem por meios não verbais. O renomado psicólogo Albert Mehrabian (1981) mostrou que 55% da mensagem é interpretada por meio da linguagem corporal, 38% pelo tom de voz e apenas 7% por meio das palavras em si. Com isso em mente, é essencial certificar-se de que sua linguagem corporal e seu tom de voz são consistentes com a mensagem que deseja comunicar (Quadro 4-3).

Além disso, observe os fatores do ambiente que podem estar enviando a mensagem errada. Muitos escritórios são mobiliados com mesas e estantes modulares nas paredes. Se, por conta disso, você se senta de costas para a porta, pode, involuntariamente, transmitir a mensagem de que é inacessível. Se não for possível reorganizar a mobília, procure utilizar um espelho para que possa ver quando alguém se aproxima e virar-se para cumprimentá-lo ou, ainda, afixe um aviso amigável: "seja bem-vindo, avise que está aqui, por favor".

Por fim, considere sua rotina e hábitos de trabalho. Frequentemente, os funcionários têm percepções irreais das intenções dos gestores e de como eles ocupam seu tempo em decorrência de fatores não verbais. Eis alguns exemplos da vida real.

- Janie, coordenadora de uma escola de educação infantil, passa a maior parte do dia em seu escritório, geralmente, com a porta fechada. Quando os funcionários a veem em sua sala, ela, normalmente, está ao telefone ou tomando café. Ela está sempre segurando uma caneca de café enquanto anda pelas salas de aula. Com frequência, os funcionários comentam que as únicas coisas que Janie faz o dia todo é tomar café e falar ao telefone.

A confiança é fundamental para o sucesso de uma organização. Os gestores devem seguir essas diretrizes para estabelecer confiança com os funcionários.

- *Seja justo*: gestores dignos de confiança desenvolvem normas claras, explicam o processo de tomada de decisão, tomam decisões imparciais e envolvem os funcionários nas decisões sempre que possível.
- *Seja consistente*: gestores fidedignos são estáveis, confiáveis, seguros, consistentes e os funcionários sabem que podem confiar em suas decisões.
- *Cumpra suas promessas*: os gestores apenas fazem promessas que são capazes de e desejam cumprir e, além disso, eles levam as responsabilidades e os projetos até o fim.
- *Haja com integridade*: eles praticam a honestidade e demonstram confiabilidade.
- *Tome uma decisão e permaneça firme nela*: gestores de confiança são competentes e se comunicam com segurança. Eles estão dispostos a posicionar-se, cometer erros, assumi-los e aprender com eles.
- *Ouça*: eles escutam cuidadosamente o que os funcionários têm a dizer.
- *Mantenha o mais alto nível de confidencialidade*: eles evitam fofocas e favoritismo.
- *Alinhe o discurso com a prática*: gestores confiáveis reforçam palavras com ações, servem como modelo do comportamento desejado e não pedem aos outros que façam o que não estão dispostos a fazer.
- *Seja leal*: eles fazem com que seus funcionários saibam que podem contar com seu respeito e apoio nos momentos difíceis.
- *Mantenha todos responsáveis pelo cumprimento das mesmas regras*: gestores de confiança desenvolvem diretrizes e limites claros, mantêm todos responsáveis pelo cumprimento das mesmas normas e as executam consistentemente. O tratamento inconsistente pode levar a uma percepção de favoritismo.
- *Confie nos outros*: eles criam uma atmosfera de confiança respeitando as decisões dos demais e permitem que os funcionários cometam erros e aprendam com eles sem medo de sua repercussão.

Quadro 4-2 Como construir a confiança.

- O diretor Tom e sua equipe administrativa passam uma boa parte do tempo trabalhando nos computadores de sua sala. Os comentários da caixa de sugestões expressam frustração com relação ao fato de os supervisores ocuparem seu tempo navegando na internet, enviando e-mails aos amigos e fazendo compras on-line.
- A supervisora Marie possui um estilo de comunicação bastante expressivo. Normalmente, ela gesticula enquanto fala e seu tom de voz torna-se alto e

A linguagem corporal transmite mensagens tão poderosas quanto as palavras proferidas. Quando estiver se comunicando com os funcionários, lembre-se dessas dicas.

- Sempre fale de modo tranquilo e profissional. Mantenha-se calmo e tenha atitude profissional independentemente do que certo funcionário possa estar dizendo ou fazendo.
- Trate as afrontas de maneira profissional: quanto mais "quente" a afronta se tornar, mais calmo você deve ficar.
- Mantenha contato visual direto. Assegure-se de olhar o funcionário nos olhos, porém evite encará-lo de modo desafiador.
- Sente-se de forma relaxada, em uma posição corporal mais "aberta". Lembre-se de que cruzar os braços na frente do tórax pode demonstrar atitude defensiva.
- Posicione-se com uma leve inclinação em direção ao funcionário. Essa postura demonstra que você está interessado e que o funcionário tem toda a sua atenção.

Quadro 4-3 Conceitos básicos de linguagem corporal.

emotivo quando lida com situações estressantes. Os funcionários sempre reclamam que se sentem verbalmente agredidos e declaram que Marie aponta o dedo como forma de repreensão. Marie não percebe que é vista como uma pessoa agressiva. De acordo com sua percepção, ela é apenas apaixonada por seu trabalho e comprometida em fazer as coisas da maneira certa.

A percepção é poderosa. Esses tipos de percepções negativas podem ser neutralizados das seguintes maneiras: tornar-se visível, dar atenção total aos funcionários, reservar um tempo para conhecê-los e estar totalmente ciente do seu próprio estilo de comunicação e de como é percebido pelos outros.

Ligando os pontos

Lembre-se de alguma vez em que você teve uma percepção negativa de uma pessoa em um cargo de liderança.

- Quais fatores não verbais influenciaram sua percepção?
- Como esses fatores não verbais poderiam ter sido mudados? Essa mudança alteraria sua percepção sobre o evento?
- Como mal-entendidos podem ocorrer em virtude de fatores não verbais?

Estratégias para cultivar pensamentos positivos

O pensamento positivo leva a ações positivas. Para muitas pessoas, é mais fácil se concentrar nos aspectos negativos do dia e nas coisas que deram errado. Algumas pessoas parecem sentir-se felizes apenas quando reclamam de algo ou de alguém. Considere o uso das seguintes estratégias como um meio de ajudar os funcionários a focar o que vai bem: como a energia negativa pode ser transformada em pensamentos e ações positivas?

- *Cartões de elogio* – imprima bilhetes de agradecimento. Coloque-os em áreas comuns para que possam ser facilmente encontrados por funcionários e pais. Você pode criar um espaço no qual os bilhetes são afixados por determinado período. Cópias podem ser incluídas no arquivo de desempenho do funcionário de modo que possam ser considerados durante a avaliação de desempenho anual.
- *Pego em flagrante sendo gentil* – utilize bilhetes para expressar reconhecimento àqueles que prestaram um excelente serviço com generosidade e gentileza. Faça um quadro de avisos com uma grande rede em que as pessoas possam colocar os bilhetes ou afixá-los com um prendedor de roupa.
- *Diários de gratidão* – encoraje o pensamento positivo oferecendo um caderno a cada funcionário e peça que eles o utilizem para registrar pensamentos alegres, realizações pessoais, coisas pelas quais são gratos e bons momentos do dia. Você pode incluir uma caneta "especial" (colorida, com brilhos etc.). Amplie essa ideia criando um sistema de recompensas para aqueles que fazem uso de seus diários.
- *Leitura inspiradora* – afixe citações e cartazes inspiradores por toda a escola. Disponibilize livros, revistas e outras leituras inspiradoras e bem-humoradas sobre a primeira infância na sala de descanso. Para estimular a leitura, cole, na página de um livro ou revista, um cupom que possa ser trocado por uma recompensa. Por exemplo, "obrigada por destinar um tempo a manter-se atualizado com as mais recentes questões e tendências sobre a primeira infância! Leve este cupom à recepção e troque por um item de sua escolha das máquinas de venda automática gratuitamente".
- *Quadro para "grafites"* – pendure um quadro-branco ou um cartaz com o início de uma frase e peça que os funcionários compartilhem seus pensamentos. Exemplos de inícios de frases:
  - "Eu gosto de trabalhar aqui por que..."
  - "Minha lembrança preferida da minha infância é..."
  - "A coisa mais engraçada que uma criança já me disse foi..."

- *"Passe adiante"* – Durante a reunião de equipe, distribua folhas de papel-cartão com o nome de um funcionário escrito no topo. Conforme o papel passa pela mesa, todos os membros da equipe escrevem algo de que gostem sobre essa pessoa. Quando a folha retornar a seu dono, ela estará repleta de pensamentos positivos e de encorajamento.
- *Compartilhamento em grupo* – reserve um tempo em cada reunião de equipe para compartilhar pensamentos positivos, alegrias e eventos significativos do dia.
- *Caderno "te conhecendo melhor"* – crie um caderno que contenha informações sobre os *hobbies*, atividades de lazer, coisas favoritas (pratos, bebidas, itens colecionáveis), informações sobre a família e animais de estimação de cada funcionário e deixe-o no refeitório para que os funcionários leiam.
- *"Palmadinha nas costas"* – recorte mãozinhas de papel e utilize-as para escrever seus recados de valorização e entregue-as aos funcionários como uma "palmadinha nas costas". Ou ainda, recorte o formato de duas mãos, una-as na base das palmas (em que o papel será dobrado) e entregue este recado de reconhecimento como uma "salva de palmas". Quando a pessoa que o recebeu abrir e fechar o bilhete, terá a impressão de que ele o está aplaudindo.

Estratégias para a prática de atos casuais de gentileza

Todas as escolas de educação infantil comemoram o Dia do Professor, que é uma excelente oportunidade para celebrar a profissão e mostrar reconhecimento uns pelos outros e a dedicação pelas crianças. O que limita esse evento a uma semana por ano? As atividades a seguir são formas simples e baratas de praticar atos casuais de gentileza e de celebrarmos uns aos outros todos os dias do ano.

Eliminadores de estresse diário

- Coloque flores frescas no refeitório para uma alegre surpresa.
- Faça o dia da pizza!
- Peça, ou faça você mesmo, vitaminas saudáveis de frutas para comemorar uma realização da equipe.
- Demonstre reconhecimento com cupons "O presente da vez" que podem ser passes que permitam chegar mais tarde, sair mais cedo ou dar direito a uma premiação pela ajuda adicional em sala de aula.
- Mostre gratidão com o "Passe da bagunça", um cupom que pode ser trocado pela realização de tarefas como a troca de fraldas ou pela arrumação de uma sala de aula desorganizada.

- *"Receba um 'refrigerante' e um sorriso"* – Latas de refrigerante ou de suco podem ser adquiridas em quantidade por um preço muito baixo (certifique-se de descobrir as marcas e sabores favoritos dos funcionários). Mantenha um suprimento dessas bebidas disponível e, em dias estressantes, envie a mensagem, "receba um 'refrigerante' e um sorriso... eu te dou um 'refrigerante' se você me der um sorriso". É incrível como uma simples lata de refrigerante pode animar o dia de alguém.
- *Cesta "um brinde a você"* – Busque liquidações e compre itens baratos (por exemplo, loções, velas, doces, chicletes, blocos de anotações). Monte uma cesta com esses itens e dê a alguém que esteja naquele dia em dificuldades como demonstração de interesse.
- Almoços nos quais os convidados levam a comida é uma maneira divertida de passar o tempo em grupo. Além disso, faça uma reunião que tenha sorvete e ofereça uma variedade de coberturas. Um almoço oferecido pela administração aos funcionários é um ótimo modo de demonstrar reconhecimento. Os funcionários vão gostar de serem "servidos" por seus gestores e essa é uma forma divertida de os administradores criarem vínculos uns com os outros.
- Providencie para que os funcionários recebam massagens de bom profissional em um local tranquilo da escola de educação infantil. Massagens rápidas normalmente custam *x* por 15 minutos e os funcionários podem agendar e pagar por ela. Você também pode comprar almofadas baratas para as massagens rápidas e colocá-las na sala de descanso.
- Celebre o bem-estar dos funcionários! Faça uma festa após um longo período em que nenhum funcionário tenha se ausentado por motivo de doença. Crie programas de incentivo que recompensem a assiduidade, bem como um bônus pelo maior comparecimento em um período de seis meses ou de prioridade de escolha na data das férias com base na frequência anterior. Desenvolva uma comissão do bem-estar que planeje atividades, como: caminhadas em grupo durante o horário de almoço ou ginástica após o expediente.
- Crie uma comissão de boas-vindas para cumprimentar e receber os funcionários recém-contratados. No primeiro dia de trabalho de um funcionário, receba-o com cartazes na entrada, com um bilhete amigável ou uma lembrancinha, com um convite para passar o horário de almoço juntos e com um colega receptivo que ele possa contatar em caso de dúvidas.
- Amigos-secretos são bacanas em qualquer época do ano. Faça-o de maneira simples, utilizando bilhetes de reconhecimento ou presenteando com itens

baratos. Amigos de aniversário vão garantir que os funcionários se sintam reconhecidos e especiais no dia do seu aniversário. Simplesmente, anote os nomes no início do ano e descreva o que cada participante gosta ou não.

- Estimule os funcionários a organizar atividades de motivação e valorização. Descubra quem são os "planejadores de festas" da equipe e desenvolva seus pontos fortes, capacitando-os a liderar uma "comissão da motivação".

Valorização diária A seguinte lista traz alguns exemplos de frases divertidas que podem ser fixadas em vários itens ou doces. Utilize etiquetas de computador, que são fáceis de colar, com frases curtas. Uma vez que esteja envolvido, é fácil criar frases inteligentes e trazer um sorriso para o dia de alguém. Tenha alguns desses itens à mão para que possa, imediatamente, demonstrar estima quando surgir uma ocasião. As possibilidades são intermináveis. Algumas sugestões:

- Pote de castanhas – "Nós somos loucos por você!"
- Cup cake – "Parabéns para você!"
- Vela – "Uma vela para você acender quando estiver queimando por dentro."
- Caneta marcador – "Marque minhas palavras, você é demais!"
- Caneta marca-texto – "Obrigado, esse foi o destaque do meu dia!"
- Borracha – "Todos cometem erros. Eu sei que você aprenderá algo positivo com este."
- Chicletes – "Tenha um dia livre de preocupações!"
- Bombons – "Oba! É dia de pagamento!"
- Cola bastão – "Obrigado por permanecer unidos e apoiarem uns aos outros!"
- Pipoca – "Posso parecer sentimental, mas pulamos feito pipoca pela alegria de tê-lo conosco!"
- Desodorizador de ambientes – "Você perfuma nosso ambiente."
- Porta-retratos – "Obrigado por portar bons pensamentos."
- Par de meias divertido – "Obrigado por sempre dar o pontapé inicial."
- Adesivos – "Grude essa ideia na cabeça: continue assim e se sairá muito bem!"
- Balas de gelatina de ursinho – "Estamos tão felizes por tê-lo aqui, que queremos dar um abraço de urso!"
- Balas de gelatina de sapinho – "Admiramos sua sapiência!"
- Barrinhas de cereais – "Você realmente marcou um 'gol de placa' naquele projeto!"
- Chocolates – "Nossa equipe é um colosso!"
- Peças de quebra-cabeças coladas nas molduras dos quadros – "Sem você, nossa equipe não está completa."

- Giz – "Trace um caminho de sucesso."
- Flores – "Se professores fossem flores, escolheríamos você."
- Cola *glitter* – "Obrigado por abrilhantar nossos dias!"
- Lâmpada – "Você ilumina nossas vidas!" (escreva com marcador permanente)
- Balas multicoloridas – "Estimulantes para professores: verde para energia, laranja para bom humor, amarelo para alegria, preto para mau humor, azul para estresse em grau baixo, roxo para estresse em grau elevado e VERMELHO APENAS PARA EMERGÊNCIAS!"

Kits de sobrevivência Os kits de sobrevivência são projetados com base em um tema comum e incluem uma diversidade de itens relacionados. Com um pouco de criatividade, esses kits podem ser criados para qualquer ocasião. Uma lista de itens que podem ser incluídos em cada um dos seguintes kits é fornecida no Apêndice A.

- Kit de sobrevivência do professor.
- Kit de sobrevivência dos formadores de equipe.
- Kit de sobrevivência para o bem-estar.
- Kit de sobrevivência de eliminadores de estresse.
- Kit de sobrevivência do novo professor.

Resumo

- Os funcionários possuem diferentes necessidades motivacionais fundamentadas em seus valores, personalidades e metas individuais.
- Os gestores motivadores devem conhecer e respeitar as preferências de um indivíduo no que diz respeito ao reconhecimento e compreender que o que motiva um funcionário pode não ser eficaz para outro.
- É importante que os gestores estejam visíveis e disponíveis aos funcionários.
- Os gestores motivadores podem desenvolver empatia pelos problemas e frustrações vivenciados diariamente pelos funcionários passando um tempo nas salas de aula e em outros locais de trabalho.
- Os gestores motivadores buscam as sugestões e a participação dos funcionários para atingir as metas e os objetivos da escola.
- Gestores eficazes utilizam múltiplas estratégias para motivar o desempenho dos funcionários.
- Os gestores motivadores reservam um tempo para desenvolver uma relação com os funcionários e para construir confiança e respeito mútuos.

- A comunicação eficaz é essencial para o sucesso da escola de educação infantil.
- Os funcionários desejam e esperam ser informados, compreender o panorama geral e ter voz ativa.
- Mensagens não verbais podem prejudicar a credibilidade de um gestor por criar percepções falsas e negativas.
- Os gestores não podem obrigar os funcionários a fazer coisas extraordinárias, porém podem propiciar um ambiente no qual os funcionários sejam motivados a fazer coisas magníficas.

Atividades para aplicação

1. Use a criatividade e adicione, pelo menos, cinco itens à lista de sugestões "Valorização diária" fornecida neste capítulo. Registre seus itens na Folha de Exercícios para Aplicação 4-1.
2. Utilize a Folha de Exercícios para Aplicação 4-2 e desenvolva um questionário "Encontre alguém que..." que vai ajudá-lo a aprender mais sobre seus colegas, funcionários ou membros da equipe. Utilize seu questionário antes de uma reunião de equipe ou sessão de orientação para encorajar a interação dos participantes.
3. Faça uma busca *on-line* empregando as palavras-chave "formação de equipe", "atividades de formação de equipe" e "jogos de formação de equipe". Utilize a Folha de Exercícios para Aplicação 4-3 para compilar uma lista de oito *sites* que você acredite ser informativos e que recomendaria a outras pessoas. Prepare uma breve descrição dos recursos encontrados em cada um dos *sites.*
4. Peça a alguém que filme você enquanto estiver trabalhando na sala de aula, conduzindo uma reunião ou conversando com determinado pai ou funcionário. Veja a gravação e avalie sua linguagem corporal. Quais mensagens positivas ou negativas você pode estar transmitindo aos demais? Anote suas observações na Folha de Exercícios para Aplicação 4-4 e desenvolva uma meta a ser atingida para todas as mensagens negativas.

Folha de Exercícios para Aplicação 4-1

Minhas ideias para a "Valorização diária"

1.

2.

3.

4.

5.

Consulte as informações apresentadas no Capítulo 2. Quais necessidades motivacionais dos funcionários cada um desses agentes motivadores satisfazem?

Folha de Exercícios para Aplicação 4-2

Continue adicionando frases à lista a seguir. Ao terminar, utilize seu questionário na próxima reunião de equipe e, então, avalie o quão bem-sucedido ele foi na obtenção de novas informações sobre seus colegas.

Questionário "Encontre alguém que..."

1. Alguém que gosta de cozinhar é ________________________________.

2. Alguém que caminha ou corre, ao menos, 1,5 quilômetro por dia é __________.

3. ________________________ compareceu a uma conferência anual da NAEYC.

4. Alguém que sabe o que é um solstício é __________________________.

5.

6.

7.

8.

9.

10.

11.

12.

Folha de Exercícios para Aplicação 4-3

Sites que acredito ser mais informativos e úteis.

1.

2

3.

4.

5.

6.

7.

8.

Folha de Exercícios para Aplicação 4-4

Depois de assistir à filmagem de sua atuação, quais comportamentos e ações você identificou?

Linguagem corporal que transmitiu uma mensagem positiva.

Linguagem corporal que pode ter transmitido uma mensagem negativa.

Relacione as metas para aperfeiçoar suas ações negativas.

Pontos de discussão

1. O que é credibilidade? Qual é a importância de os gestores estabelecerem credibilidade no local de trabalho?
2. Como as percepções dos funcionários influenciam o comportamento?
3. Que papel a comunicação exerce no local de trabalho? Cite algumas maneiras que podem ser utilizadas pelos gestores motivacionais para manter uma comunicação eficaz com os funcionários.
4. Como a linguagem corporal influencia a comunicação?

Referências

KOUZES, J. e POSNER, B. *Credibility: How leaders gain and lose it, why people demand it.* San Francisco: Jossey-Bass, 1993.

MEHRABIAN, A. *Silent messages: A implicit communication of emotions and attitudes.* Belmont: Wadsworth, 1981.

YANKELOVICH, D. *Putting the work ethic to work.* Nova York: Public Agenda Foundation, 1983.

Recursos da web

True Colors: www.truecolors.org
Nelson Motivation Inc.: www.nelson-motivation.com
Baudville: www.baudville.com

Successories: www.successories.com
The Random Acts of Kindness Foundation: www.actsofkindness.org
National Association for Employee Recognition: www.recognition.org
Administrators.net: www.administrators.net

Em português:

Fundação Calouste Gulbenkian: www.gulbenkian.pt/index.php?section=163&langId=1.
Fundação Estudar: http:/www.ciadetalentos.com.br/fundacaoestudar
União Nacional de Dirigentes Municipais (Undime): http:/undime.org.br.

Capítulo 5

Incentivos organizacionais

Oksun 70/Photos.com

Objetivos

Após a leitura deste capítulo, você vai ser capaz de:

- Discutir sobre a importância das recompensas intrínsecas.
- Compreender e oferecer elogios e avaliações eficazes.
- Discutir sobre a eficácia das seguintes estratégias de recompensas: definição da função, tutoria, capacitação e desenvolvimento profissional.
- Explicar os elementos-chave da definição da função: expansão, aprimoramento e troca.

Palavras-chave

- responsável
- colaborativo
- treinamento cruzado
- capacitação
- avaliação
- incentivos
- cursos de capacitação
- tutoria
- produtividade

"As pessoas costumam dizer que a motivação não dura muito. Bem, o banho também não – por isso recomenda-se que o tomemos diariamente."
Zig Ziglar

Introdução

Por que algumas pessoas desejam trabalhar e farão o que for necessário para realizar um trabalho, enquanto outras o temem e acham difícil alcançar expectativas mínimas de desempenho? Neste capítulo, vamos discutir diversas estratégias desenvolvidas para recompensar os funcionários e melhorar seu ânimo. Além disso, vamos dar diretrizes úteis de como elogiar e avaliar os funcionários. Por fim, vamos apresentar ideias de como motivar os funcionários por meio da reestruturação da função e de oportunidades de desenvolvimento profissional.

Um olhar mais atento aos sistemas de recompensas

Os sistemas de recompensas que são significativos para certo funcionário e, valorizados por ele, apresentam impacto positivo no comportamento. Desenvolver um sistema de recompensas que atraia e mantenha indivíduos qualificados (e que também motive o desempenho desejado) é um desafio contínuo em muitas escolas de educação infantil. Sistemas motivacionais bem-sucedidos equiparam a recompensa à pessoa e à realização, além de serem oportunos e específicos. De modo ideal, eles também oferecem uma combinação de incentivos extrínsecos e intrínsecos por otimizarem o comprometimento e o desempenho do funcionário.

As recompensas intrínsecas provocam maior impacto e podem ter efeito duradouro. Estas promovem nos funcionários sentimentos de **capacitação** para a tomada de decisões e para assumir riscos, para a autoestima e confiança e para o êxito diário. Levam a certo sentimento internalizado de realização, que é mais um incentivo para que continuemos trabalhando em busca de uma meta. Os gestores que utilizam recompensas intrínsecas trabalham voltados para a definição da função e para a melhoria das condições de trabalho de tal forma que as pessoas sentem-se recompensadas e motivadas pelo próprio trabalho (Lieberman, 1995). Quando os funcionários são intrinsecamente motivados, há certa necessidade de que o gestor monitore, meça e administre de modo constante o comportamento deles.

Em contrapartida, as recompensas extrínsecas não levam aos mesmos sentimentos de satisfação e de comprometimento duradouro. Podem ter os mesmos impactos imediatos e cumulativos sobre a motivação do funcionário, contudo, esse tipo de recompensa está mais propenso a surtir efeitos transitórios que devem ser reforçados continuamente. **Incentivos** monetários, como: aumentos de salário, bônus ou pacotes de benefícios adicionais são exemplos de recompensas extrínsecas comumente empregadas para o reconhecimento do desempenho de um funcionário. No entanto, recursos financeiros para tais incentivos são limitados em muitas escolas de educação infantil.[1] Embora a melhoria nas compensações continue sendo uma questão de urgência nesta área, não pode ser vista como a única estratégia disponível para a motivação do desempenho do funcionário.

Gestores motivadores que apresentam uma abordagem criativa podem encontrar no local de trabalho inúmeras oportunidades para revigorar os esforços dos funcionários. Por exemplo, os gestores devem levar em conta elementos do trabalho que são considerados recompensadores pelos funcionários. Elogios e avaliações de desempenho frequente podem ser motivadores poderosos. Definição da função – expansão, aprimoramento e troca – oferece aos gestores motivadores outra estratégia eficaz para encorajar e recompensar o desempenho excepcional. Oferecer oportunidades para o desenvolvimento profissional, bem como periódicos profissionais para os funcionários lerem, auxílio-educação e disponibilização de tempo para a realização de **cursos de capacitação** transmite a ideia de cuidado e interesse genuínos com a satisfação das necessidades pessoais e profissionais dos funcionários. Além disso, essas abordagens e outras similares podem exercer um efeito renovador e energizante sobre o desempenho dos funcionários.

No restante deste capítulo, vamos explorar vários tipos de alternativas de sistemas de recompensas e discutir sobre sua implementação na área da educação infantil.

Elogios

Estudos e levantamentos sobre a satisfação do funcionário demonstram que, antes de tudo, os trabalhadores preferem formas verbais de reconhecimento e de **avaliação** por parte de seus supervisores, seguidas pelas formas escritas. Outros tipos de reconhecimentos e recompensas, assim como bônus monetários, são

[1] A contratação de professores no Brasil, geralmente, não propõe este tipo de incentivo. Quando há, é geral da categoria, ou seja, os sindicatos se mobilizam para conseguir bonificações para todos os professores de determinada rede de ensino – municipal ou estadual. Isso não ocorre para o setor privado. (NRT)

considerados menos desejáveis. Os funcionários querem que seus gestores estejam envolvidos, observando-os em seu trabalho, fornecendo avaliação diária e valorizando seus esforços. Os gestores que são vistos como acessíveis, preocupados com a satisfação das necessidades dos funcionários, **colaborativos** e respeitosos são capazes de construir uma relação duradoura e positiva com seu pessoal.

Ao elogiar, o gestor não está somente reforçando os comportamentos observados, está, além disso, encorajando futuros comportamentos positivos, tais como iniciativa, assumir riscos, estar aberto a mudanças e crescimento profissional. Para serem eficazes, o elogio e a avaliação devem possuir as seguintes características.

- *Ser oportuno*: para ser mais eficaz, o elogio deve ser feito logo a seguir a uma realização ou ocorrência do comportamento desejado. O elogio feito após dias vai perder sentido.
- *Ser sincero*: o elogio deve ser sempre genuíno e feito quando o supervisor sente-se realmente grato por uma realização ou comportamento. Caso contrário, pode ser considerado uma forma de manipulação, algo oferecido apenas quando o gestor pode se beneficiar, como: elogiar somente quando os funcionários chegam ao trabalho mais cedo ou permanecem até mais tarde.
- *Ser específico*: assim como com as crianças, os elogios feitos aos funcionários devem ser descritivos e específicos. Generalizações, como "bom trabalho", parecem sem valor. O funcionário quer saber exatamente o que realizou de destaque. Por exemplo: "Assisti à sua atividade com as crianças em círculo esta manhã e poderia dizer que você passou um bom tempo planejando e preparando sua aula. As crianças estavam muito envolvidas e gostaram bastante. Obrigado".
- *Ser dado pessoalmente*: fazer um elogio aos funcionários pessoalmente o torna mais significativo e sincero. Essa iniciativa também transmite uma fundamental mensagem aos funcionários: demonstra que são importantes o bastante para que você deixe todo o resto de lado e concentre seu tempo e atenção neles.

Maneiras simples de elogiar

- Diga "obrigado" e seja específico!
- Surpreenda as pessoas fazendo algo positivo e diga que você gostou e por quê.
- Escreva um bilhete de agradecimento.
- Escreva um bilhete pessoal dizendo a alguém porque o valoriza como funcionário.
- Escreva um recado de reconhecimento e o envie para a residência da pessoa.

- Inclua um bilhete de reconhecimento ao pagamento do funcionário.
- Insira uma seção "funcionário de destaque" no informativo mensal reconhecendo os esforços e contribuições de um funcionário diferente a cada mês.
- Incentive os pais e colegas de trabalho a escrever recados de reconhecimento deixando cartões ou blocos de notas disponíveis na recepção.
- Crie um quadro de reconhecimento aos funcionários. Inclua os elogios nas pautas das reuniões de equipe.
- Fotografe os funcionários "em ação" e exponha as fotos com legendas que descreva os esforços e a dedicação deles.
- Solicite um bilhete de agradecimento de um supervisor que esteja acima de você em reconhecimento à realização de um funcionário.
- Ao mostrar o estabelecimento a alguém, apresente os funcionários pelo nome e mencione porque eles são importantes para a equipe.

Avaliação

Fornecer avaliação aos funcionários é fundamental para a função do gestor. A avaliação eficaz constrói confiança, estabelece uma comunicação aberta, motiva os funcionários, recompensa o bom desempenho e o aprimora. Deve ser transmitido formal e informalmente durante todo o ano (consulte o Apêndice C). A avaliação apresentada somente uma vez por ano é insuficiente e ineficaz para a promoção do crescimento profissional. De modo geral, os funcionários desejam saber como estão se desempenhando e se estão atingindo as expectativas e metas de desempenho ou não. Não permita que os funcionários suponham que saibam como estão indo ou que "nenhuma notícia é boa notícia".

Os gestores motivadores compreendem o valor da avaliação construtiva e reservam uma parte de seu dia para fornecer um retorno útil aos funcionários. Por meio desse processo, eles passam a mensagem: "eu me importo com você, percebo-o e valorizo-o". A avaliação contínua positiva e negativa gera confiança no gestor e ajuda o funcionário a se tornar mais **responsável**. Ao fornecer um retorno, certifique-se de manter as seguintes diretrizes em mente:

- Concentre-se no comportamento e não na pessoa ou na atitude. Explique como o comportamento apresenta impacto sobre a capacidade do funcionário em atingir expectativas.
- Seja sempre específico em relação ao comportamento que aprovou ou espera corrigir.

- Saiba ouvir: descubra quais são as percepções do funcionário antes de tentar se dirigir a ele.
- Descreva o que deseja e não o que não quer.
- Empregue frases com a palavra "eu", como: "eu observei" ou "eu entendo" em vez de dizer "você precisa...", modo de se expressar que, normalmente, coloca o ouvinte em uma posição defensiva.
- Reconheça os sentimentos. Você pode não concordar com a explicação ou motivo de um funcionário, mas tentar compreender e reconhecer seus sentimentos vai promover maior colaboração.
- Busque soluções em grupo; colabore para que o funcionário possa aderi-las. Incentive o funcionário a pensar em soluções para os problemas.
- Desenvolva um plano de melhorias. Estabeleça os próximos passos para atingir uma meta de aperfeiçoamento. Certifique-se de que o funcionário compreenda o que precisa fazer para ser bem-sucedido.
- Faça perguntas que assegurem que o funcionário tenha uma clara compreensão das questões que levaram a conversa.
- Resuma a discussão. Volte a expor o problema, as soluções que foram discutidas e o próximo plano de ação. Certifique-se de oferecer apoio e assistência.
- Faça um acompanhamento. Observe o desempenho e o aperfeiçoamento. Surpreenda o funcionário realizando as tarefas corretamente e faça elogios a fim de reforçar o comportamento.
- Reavalie e discuta o progresso, além de fazer mudanças conforme o necessário.
- Lidere por meio de exemplos. Certifique-se de não haver normas dúbias: os gestores seguem as mesmas regras e expectativas que são estabelecidas para os funcionários.

Fornecer avaliação ao longo do ano vai ajudá-lo a garantir que os funcionários estejam progredindo em direção às metas profissionais e que não haja surpresas no momento da avaliação de desempenho anual. Documente todas as discussões envolvendo a avaliação para que possa acompanhar o progresso dos funcionários ou para continuar identificando problemas de desempenho. Certifique-se de documentar os elogios, bem como as discussões corretivas e, além disso, conserve cópias dos recados recebidos dos pais ou de outros membros da equipe elogiando o desempenho de um funcionário. Essas informações vão ser úteis ao trabalhar com avaliações formais.

Entretanto, tenha em mente que a avaliação não deve ser unidirecional: dos gestores para os funcionários. É importante que o gestor solicite avaliação dos funcionários para garantir que esteja agindo de acordo com as expectativas deles. Esse passo vai resultar em informações valiosas que podem ser empregadas pelo gestor a fim de aumentar a eficácia, melhorar a comunicação e criar um ambiente de trabalho que seja motivador para os funcionários.

Definição da função

A definição da função é o processo no qual os gestores determinam as tarefas e autoridades individuais. A meta do gestor é definir funções que sejam motivadoras para os funcionários, levando-se em conta as necessidades individuais dele, nos aspectos da função em si e no ambiente de trabalho. A realização de mudanças no desenho da função pretende oferecer mais recompensas intrínsecas oriundas do próprio trabalho. A definição da função tenta identificar as necessidades mais importantes do funcionário e da organização e remover os obstáculos do local de trabalho que impedem a satisfação dessas necessidades.

Funções definidas com cuidado maximizam a motivação do funcionário e melhoram a **produtividade**, a frequência, o ânimo, o trabalho em equipe e a eficácia da escola de educação infantil (Luce, 1998). Uma função com exigências equivalentes às habilidades e aos interesses do funcionário também eleva a satisfação no trabalho.

Às vezes, mudanças simples na função de um funcionário podem fazer grande diferença no ânimo.

Três abordagens diversas podem ser empregadas na definição das funções: expansão, aprimoramento e troca de função. Cada uma delas exige modificações um tanto diferentes nas responsabilidades atuais de um funcionário.

Expansão da função. É um processo no qual o plano é expandido pela incorporação de novas tarefas. A meta é aumentar a motivação do funcionário por meio da atribuição de tarefas adicionais, variadas e novas. Vamos apresentar três exemplos de expansões de função em escolas de educação infantil:

- Modificar a estrutura organizacional a fim de comportar mais de um diretor administrativo e diretor-assistente. Os "coordenadores de escola de educação infantil" ou "supervisores de unidade" para cada área da organização podem agir como supervisores diretos dessas áreas (por exemplo, coordenador de departamento, coordenador pedagógico, supervisor infantil, supervisor de maternal). Cada coordenador é responsável por contratar, treinar, supervisionar, observar e conduzir avaliações de desempenho para os funcionários da área. Além disso, os coordenadores podem ser responsáveis por tarefas que fazem parte do funcionamento da escola de educação infantil como um todo (por exemplo, preparação do orçamento de suprimentos das salas de aula, redigir o informativo da escola, manutenção de registros). Essa organização estimula o crescimento profissional e oferece oportunidades de promoção.

- Desenvolver oportunidades que promovam a participação dos funcionários em atividades de aprimoramento fora da sala de aula, como: **tutorar** um colega e organizar cursos de capacitação para outros funcionários.
- Criar comissões de trabalho constituídas de funcionários e administração. Esse aspecto propícia aos funcionários a oportunidade de participar em projetos da escola de educação infantil, abordar os problemas e sentir que possuem voz ativa e que as opiniões e ideias deles têm importância. Alguns exemplos de comissões são: comissão da motivação, de boas-vindas, do bem-estar do funcionário, da satisfação do funcionário (que lida com questões resultantes de levantamentos e desenvolvem planos de ação) e comissão da saúde e da segurança.

Aprimoramento da função. O aprimoramento da função aumenta a responsabilidade do funcionário e controla suas exigências de trabalho. O objetivo é aumentar a eficiência e a satisfação de certo funcionário oferecendo outras possibilidades de realização pessoal, reconhecimento, desafio, responsabilidade, crescimento individual e aperfeiçoamento na função.

Vários programas de aprimoramento de função fundamentam-se na teoria dos dois fatores de Frederick Herzberg (1966) – consulte o Capítulo 2. Herzberg descobriu que, quando os funcionários descreviam os momentos em que sentiam-se bem em relação a seus trabalhos, eles tendiam a identificar fatores diretamente associados ao conteúdo da função: realização, reconhecimento, o trabalho em si, responsabilidade e aperfeiçoamento. Ele concluiu que a única maneira de implementar mudanças significativas no plano de trabalho era incluir além dos seguintes fatores motivacionais:

- *Responsabilidade – os funcionários são responsáveis pelo próprio desempenho no trabalho.* Certifique-se de que as expectativas em relação ao funcionário sejam claras, de que a avaliação de desempenho seja fornecida com regularidade e de que todos os funcionários sejam responsabilizados consistentemente, incluindo a administração.
- *Realização – os funcionários sentem que estão fazendo algo que vale a pena.* Ajude os funcionários a compreender o panorama geral, incluindo as metas e os êxitos da escola de educação infantil e ofereça crédito quando atingi-los.
- *Controle sobre os recursos – os funcionários possuem controle sobre seus recursos e custos. Centros de lucros e custos são delegados a níveis mais baixos da organização.* Implemente um orçamento mensal de sala de aula para que cada

professor tenha controle sobre o próprio planejamento e sobre as compras de materiais.

- *Avaliação – os funcionários recebem informações diretas e oportunas do próprio trabalho sobre o desempenho.* Ajude os funcionários a enxergar os resultados de seu trabalho por meio do progresso e aprendizado das crianças, da avaliação dos pais, de inspeções e credenciamento regulatórios e da conquista das metas da classe e da escola de educação infantil.
- *Crescimento e desenvolvimento pessoais – os funcionários têm a chance de aprender novas habilidades.* Ofereça oportunidades de crescimento por meio de tutorias, projetos especiais, participação em comissões e cursos de desenvolvimento profissional.
- *Ritmo de trabalho – os funcionários podem definir seu próprio ritmo de trabalho e têm flexibilidade para agendar folgas.* Busque oportunidades que forneçam flexibilidade, oferecendo, por exemplo, uma semana de trabalho com turnos diários de 10 horas ou uma programação de folgas variáveis. Um plano de flutuação prontamente disponível ou de professores-substitutos pode permitir que os funcionários tenham um tempo de folga quando for necessário estabelecer um equilíbrio entre a vida pessoal e o trabalho.[2]
- *Relações com o cliente/comunidade – os funcionários desenvolvem uma relação com os clientes/comunidade e sabem se estão satisfeitos.* Construir relações com os pais é essencial para o sucesso de qualquer escola de educação infantil. Convide os pais a se envolverem na participação da sala de aula, eventos sociais, comissões de consultoria aos pais, conferências de pais, eventos abertos ao público e outras escolas de educação infantil.

Troca de funções. A troca de funções possibilita às pessoas mudar de uma função para outra, o que promove o ganho de experiência e ajuda os funcionários a desenvolverem um maior apreço por diferentes papéis. Também gera flexibilidade e reduz o tédio por envolver os funcionários em uma diversidade de atividades. O **treinamento cruzado** por meio da troca de função resulta na aquisição de uma gama mais vasta de conhecimentos e experiência, além de poder melhorar o trabalho de equipe entre os funcionários. O conceito de troca de funções pode ser mais difícil de implementar em escolas de educação infantil em decorrência da importância da manutenção da estabilidade/competência do professor. No entanto, há maneiras de tornar a troca de funções mais manejável.

[2] No Brasil não há a função de professor com turnos, os horários são fixados para o período escolar – manhã, tarde ou noite. Talvez para outros funcionários da escola, como merendeiras, inspetores etc., haja. (NRT)

- Troque as funções por curtos períodos. Por exemplo, leve os funcionários a trocar o papel por uma ou duas horas durante momentos importantes do dia para que, desse modo, tenham uma real percepção da nova função.
- Experimente fazer a troca de funções em determinado dia do mês, no qual apenas um funcionário troca de lugar com o colega de uma área diferente. No mês seguinte, outros dois funcionários de áreas diversas trocam de função. Essa é uma excelente oportunidade para que os funcionários tenham perspectiva e saibam como é estar "na pele" da outra pessoa.
- Compartilhe e discuta sobre as reações dos funcionários às trocas de funções durante as reuniões de equipe.
- Faça visitas a escolas de educação infantil da vizinhança. Esse fato permite que os funcionários entrem em contato com outros profissionais da área de educação infantil e observem outras instalações, filosofias educacionais e políticas das escolas de educação infantil.

O desafio para o gestor motivador é definir as funções e experiências de trabalho de forma a incorporar numerosos motivadores e garantir que os funcionários sintam-se satisfeitos e inspirados a desempenhar o melhor trabalho possível. Para os gestores que intencionam realizar a troca de funções, Robertson e Smith (1985) recomendam um procedimento de seis passos para a análise das funções existentes.

Passo um: consulte a literatura e outros dados externos (manuais de treinamento, descrições antigas da função etc.).

Passo dois: questione os gestores imediatos sobre as responsabilidades e tarefas requeridas para a realização satisfatória da função.

Passo três: faça um questionamento semelhante aos funcionários que estão atualmente na função.

Passo quatro: observe um funcionário que desempenha bem a função.

Passo cinco: experimente você mesmo fazer o trabalho, porém tenha o cuidado de não tentar desempenhar funções perigosas ou que devam ser exercidas somente por funcionários que possuam experiência comprovada.

Passo seis: redija uma descrição da função com detalhes de suas conclusões.

Também é importante levar em consideração fatores adicionais, tais como a política da escola de educação infantil, o regime de licenciamento, os incentivos e a avaliação que afetam a eficiência e a motivação de determinado funcionário.

Palavra do diretor

Quais estratégias motivacionais você acredita serem eficazes para elevar o ânimo da equipe?

"Várias técnicas que eu utilizo para elevar o ânimo do pessoal incluem oferecer a tutoria de um colega aos novos membros da equipe, ajudar os funcionários a identificar metas de desenvolvimento profissional para o próximo ano e encorajá-los a tornarem-se mais envolvidos nas atividades da escola, como apresentar o estabelecimento aos pais e fazer apresentações em reuniões de desenvolvimento de pessoal."

Gail Kulick, diretor
Alexian Brothers Childcare Center
Elk Grove Village, IL

Tutoria entre colegas

A tutoria é uma técnica de treinamento eficaz que também pode ser um valioso motivador. A tutoria entre colegas consiste em unir funcionários experientes a novos funcionários, ou menos experientes, a fim de oferecer treinamento, orientação, aconselhamento e apoio (Bowden, 2004; Fraser, 1998). Essa abordagem possui diversas vantagens. Funcionários inexperientes beneficiam-se do conhecimento e das habilidades do mentor, enquanto funcionários experientes sentem-se orgulhosos e com autoestima elevada por compartilharem seus conhecimentos. Também oferece a oportunidade de reforçar as habilidades do próprio mentor conforme ele as compartilha com os outros. Portanto, a tutoria promove o crescimento profissional e o desenvolvimento de habilidades de gestão ao funcionário experiente, auxilia o novato a adquirir experiência diretamente no local de trabalho, fornece um exemplo de função acessível, desenvolve as relações entre os colegas e aumenta a confiabilidade de ambos (Pavia et al., 2003).

Ao planejar um programa de tutoria, certifique-se de estabelecer metas precisas tanto para o tutor como para o tutorado. Desenvolva uma lista de orientação para novos funcionários com a finalidade de garantir que todos os itens do treinamento sejam abordados e faça um acompanhamento com as duas pessoas envolvidas na tutoria para certificar de que ocorrem treinamento e comunicação efetivos.

A tutoria entre colegas também pode ocorrer de outras maneiras, como: o funcionário fazer apresentação em uma reunião de equipe, conduzir determinada sessão de treinamento durante o horário de almoço ou compartilhar o que aprendeu depois de participar de uma conferência. Os funcionários também podem identificar seus pontos fortes e optar por tutorar os demais em suas áreas de conhecimento, bem como ensinar artes criativas, desenvolver unidades temáticas ou cozinhar com as crianças.

Ligando os pontos

Mentor não é uma designação exclusiva ou formal. Um mentor pode ser qualquer pessoa que influencia a mudança nos outros a partir do exemplo. Pense em alguém que tenha sido seu tutor.

- Por que você o considera seu tutor?
- Quais qualidades de liderança ele demonstrou?
- O que você aprendeu com essa pessoa?
- Quais comportamentos você desenvolveu ou mudou em decorrência de seu relacionamento com essa pessoa?
- Como esse relacionamento o afetou pessoalmente e profissionalmente?

Capacitação de funcionários

Capacitação significa permitir que os outros assumam as responsabilidades, os riscos e as recompensas associados à tomada de suas próprias decisões. A capacitação de funcionários os encoraja a tomar a iniciativa na resolução de problemas, concede a liberdade para realizar, proporciona a oportunidade de crescimento profissional e ajuda a escola de educação infantil, como um todo, a funcionar sem percalços (Pacini, 2000). A capacitação também reduz a negatividade, que normalmente ocorre quando os funcionários sentem-se incapazes de identificar uma solução ou de exercer qualquer influência sobre mudanças na organização.

A real capacitação vem do interior do indivíduo, não do gestor. Os gestores motivadores proporcionam um ambiente que estimula os funcionários a se sentirem capacitados para a tomada de decisões e atitudes. Foram sugeridas dez ações para a capacitação de funcionários (Tracy, 1992).

- Diga às pessoas quais são suas responsabilidades.
- Dê autoridade a elas equivalente a suas responsabilidades.
- Defina padrões de excelência.
- Forneça treinamento.
- Ofereça conhecimento e informação.
- Proporcione uma avaliação sobre o desempenho delas.
- Reconheça suas realizações.

- Confie nelas.
- Permita que falhem.
- Trate-as com dignidade e respeito.

Desenvolvimento profissional

O gestor motivador compreende que oferecer oportunidades para o desenvolvimento profissional arcando com suas despesas demonstra que ele valoriza e se preocupa suficientemente com seus funcionários para fazer um investimento em seu crescimento profissional, enquanto investe, também, na qualidade de sua escola de educação infantil. O desenvolvimento profissional estimula e motiva os funcionários, além de proporcionar o contato com outros profissionais da área da educação infantil. Mesmo que o programa de treinamento apresente ideias ou conceitos que já tenham sido aprendidos ou implementados pelo funcionário, pode reforçar conhecimentos e habilidades. Exemplos de oportunidades de desenvolvimento profissional que podem ser proporcionadas pelo gestor incluem:

- Inscrições pagas para conferências ou *workshops* locais ou estaduais sobre a primeira infância.
- Reembolso total ou parcial sobre as despesas com projetos de conclusão de curso ou com a obtenção do credenciamento de Child Development Associate.[3]
- Oferecer aos funcionários a oportunidade de se tornarem membros da NAEYC e de serviços de auxílio e orientação a pais e mães do local.
- Assinaturas de informativos sobre a educação infantil.
- Oferecer treinamentos durante o horário de almoço.
- Dias de desenvolvimento profissional quando o estabelecimento estiver fechado para o treinamento dos funcionários, construção de equipe e organização e preparação das salas de aula.

Avaliação do sistema de recompensas

Os gestores motivadores compreendem que simplesmente desenvolver e implementar um sistema de recompensas não são as etapas finais do processo. Recompensas, reconhecimento e encorajamento devem sempre ser avaliados

[3] O professor, no Brasil, pode conseguir bolsa de estudos parciais ou totais com os órgãos de fomento à formação e captação de professores ou com as próprias secretarias de educação. (NRT)

para determinar sua eficácia na motivação do comportamento do funcionário e na conquista dos resultados desejados. Aquilo que motiva um funcionário em determinado dia pode não motivar na semana seguinte; logo, os gestores devem avaliar as necessidades, os valores e as metas pessoais dos funcionários de forma contínua. Conduzir um levantamento com os funcionários ou reuniões "cara a cara" oferece ao gestor motivador uma boa avaliação concernente à eficácia das iniciativas em andamento.

Resumo

- Os sistemas de recompensas que são significativos para o funcionário e valorizados por ele possuem um impacto positivo no comportamento.
- Sistemas de recompensas bem-sucedidos equiparam a recompensa à pessoa, a recompensa à realização e são oportunos e específicos.
- Recompensas intrínsecas são fatores que levam os funcionários a sentir-se motivados pelo próprio trabalho.
- O reconhecimento verbal é a forma de elogio e avaliação mais valiosa para os funcionários.
- A avaliação e o elogio eficazes são oportunos, sinceros, específicos e pessoais.
- A liderança motivacional inclui a provisão de avaliação formal e informal ao longo do ano.
- A definição da função oferece várias recompensas intrínsecas.
- A tutoria entre colegas, a capacitação de funcionários e o desenvolvimento profissional são sistemas de recompensas eficazes e oferecem oportunidades de expandir a atuação do funcionário e fornecer crescimento profissional.

Atividades para aplicação

1. Faça uma lista com dez situações no local de trabalho nas quais você tenha observado uma pessoa realizar algo especial, como ajudar duas crianças a resolver um desentendimento ou ajudar um pai a encontrar a jaqueta perdida do filho. Desenvolva uma avaliação positiva para o indivíduo em cada caso e registre suas respostas na Folha de Exercícios para Aplicação 5-1.
2. Utilize a estratégia de definição da função para reescrever a descrição da sua função atual. Repita o exercício ampliando e aprimorando sua função. Utilize a Folha de Exercícios para Aplicação 5-2 para desenvolver e registrar suas descrições. Ao terminar, escolha uma das opções e discuta sobre o porquê de sua preferência.
3. Inclua suas sugestões àquelas que estão listadas na seção "Maneiras simples de elogiar" e as registre na Folha de Exercícios para Aplicação 5-3. Experimente várias sugestões com seus colegas e reflita sobre suas reações.

4. Represente com um parceiro as formas apropriadas de fazer elogios em cada situação.
   a. Um professor se predispõe a permanecer até mais tarde e substituir certo colega que tenha um compromisso.
   b. O cozinheiro prepara uma refeição especial para alguma criança alérgica a trigo.
   c. Um professor traz a coleção dele de conchas do mar para um projeto de ciências.
   d. Determinado pai organiza um evento bem-sucedido de arrecadação de fundos para a escola.

   Redija seu diálogo na Folha de Exercícios para Aplicação 5-4 e reflita sobre quão eficaz o elogio foi em cada situação.

Pontos de discussão

1. Discuta sobre as prováveis consequências de ter um gestor que nunca avalia positivamente.
2. Descreva o conceito de tutoria. Quais são os benefícios?
3. Por que as recompensas intrínsecas tendem a ter um efeito mais duradouro sobre a motivação do funcionário do que as recompensas extrínsecas?
4. Cite algumas coisas que podem ser feitas pelos gestores para capacitar seus funcionários. Por que a capacitação é importante no local de trabalho?
5. Por que os gestores devem avaliar seus sistemas de recompensas?

Folha de Exercícios para Aplicação 5-1

Relacione dez situações em seu local de trabalho nas quais você tenha observado uma pessoa realizar algo especial. Escreva uma avaliação positiva destinada a pessoa para cada situação.

1.

2.

3.

4.

5.

6.

7.

8.

9.

10.

Folha de Exercícios para Aplicação 5-2

Reescreva a descrição de sua função atual empregando a definição da função.

Repita esse exercício usando a expansão da função.

Repita esse exercício aplicando o aprimoramento da função.

Escolha uma das opções e discuta sobre o porquê de sua preferência.

Folha de Exercícios para Aplicação 5-3

Minhas sugestões para "Maneiras simples de elogiar".

Experimente várias sugestões com seus colegas. Como eles reagiram? Estava conforme suas expectativas?

Folha de Exercícios para Aplicação 5-4

Registre as suas reações positivas para cada situação.

a.

b.

c.

d.

Você se sentiu confortável e confiante com o uso dessa estratégia? Explique.

Quão bem-sucedidas foram suas declarações em cada situação? Peça a seus colegas que critiquem suas reações. Reescreva aquelas que você acredita precisar de aperfeiçoamento.

Referências

BOWDEN, S. H. Top ten list for choosing to become a mentor. *Young Children*, n. 59, v. 4, p. 78-79, 2004.

FRASER, J. *Teacher to teacher: a guide for effective mentoring*. Portsmouth, NH: Heinemann, 1998.

HERZBERG, F. *Work and the nature of man*. Cleveland: World Publishing, 1966.

LIEBERMAN, A. Practices that support teacher development. *Phi Delta Kappan*, n. 76, v. 8, p. 591-96, 1995.

LUCE, J. A. Career ladders: modifying teachers' work to sustain motivation. *Education*, n. 119, v. 1, p. 15-19, 1998.

PACINI, L. A. The power of empowerment. *Young Children*, n. 55, v. 6, p. 83-85, 2000.

PAVIA, L. et al. Filimon-Demyen, D. Mentoring early childhood professionals. *Journal of Research in Early Childhood Education*, n. 17, v. 2, p. 250-260, 2003.

ROBERTSON, I. e SMITH, M. *Motivation and job design: theory, research, and practice*. St. Paul, MN: West Publishing, 1985.

TRACY, D. *10 Steps to empowerment: a common-sense guide to managing people*. Nova York: Quill/William Morrow, 1992.

Recursos da web

Business Owner's Toolkit: www.toolkit.cch.com
Management Library: www.managementhelp.org
Harvard Business School Publishing: www.hbslink.org

Em português:

Universidade de São Paulo: www.usp.br.
Fundação Carlos Chagas: www.fcc.gov.br.
Instituto Nacional de Estudos e Pesquisas: www.inep.gov.br.
Fundação Getulio Vargas: http:/m.portal.fgv.br.

Capítulo 6

Desafios da gestão: olhando para o futuro

Cathy Yevlet/Photos.com

Objetivos

Após a leitura deste capítulo, você vai ser capaz de:

- Identificar três tendências que vão desafiar os futuros gestores da educação infantil a praticar um estilo de gestão motivadora.
- Explicar como as diferenças de geração afetam a satisfação das necessidades motivacionais dos funcionários.
- Discutir sobre como a educação infantil e a comunidade empresarial podem ser beneficiadas pela parceria.
- Explicar por que é essencial que os gestores recrutem professores com históricos diversos.

Palavras-chave

- *Baby boomers*
- construtivo
- Geração X
- Geração Y
- homogêneo

"Um líder tem a visão e a convicção de que certo sonho pode se tornar realidade. Ele inspira o poder e a energia para realizá-lo."
Ralph Lauren

Introdução

Desafios novos e atuais farão com que seja extremamente importante que os gestores pratiquem um estilo de liderança motivadora. Por exemplo, espera-se que funcionários mais velhos permaneçam mais tempo no mercado de trabalho que no passado (Toossi, 2004). Alguns vão permanecer em seus empregos atuais, enquanto outros vão buscar trabalhos de meio período que ofereçam renda suplementar e horários flexíveis. Funcionários mais jovens vão ingressar no mercado de trabalho com expectativas que diferem significativamente das gerações mais recentes. Eles vão esperar que os gestores satisfaçam suas necessidades motivacionais ou deixarão o emprego (Chester, 2002). Em consequência, será necessário que os gestores otimizem um tempo para aprender mais a respeito dos funcionários e escutar atentamente as preocupações deles. Será necessário que eles estabeleçam e mantenham uma atmosfera de comunicação aberta a fim de propiciar ambientes de trabalho que promovam a produtividade, o comprometimento e o crescimento profissional. Além disso, os gestores bem-sucedidos vão chegar à conclusão de que otimizar o tempo no reconhecimento das contribuições de seus funcionários transmite noção de cuidado que pode resultar na melhoria da satisfação no trabalho e na permanência de funcionários.

Neste último capítulo, vamos identificar diversos acontecimentos que estão surgindo e que gestores deverão compreender e estar preparados para abordar. Desse modo, vamos possibilitar que respondam por meio de estratégias motivacionais que sejam inovadoras e efetivas.

A crescente demanda por escolas de educação infantil

Previsões recentes sugerem que a demanda por escolas de educação infantil vai continuar a crescer (U.S. Department of Labor, 2005). Espera-se que um maior número de pais, especialmente aqueles com crianças pequenas e bebês, faça parte da força de trabalho. Mudanças nas leis do bem-estar também estão compelindo muitas mães solteiras a buscar empregos remunerados pela primeira vez (Administration for Children and Families, 2000). Uma alta porcentagem dessas famílias vai procurar escolas de educação infantil da comunidade para que cuidem de seus filhos enquanto trabalham. A escassez existente, especialmente no cuidado de crianças pequenas e bebês, combinada ao aumento da demanda tendem a levar o mercado de educação infantil a sofrer uma expansão significativa.

Há outras tendências a se considerar. Por exemplo, os pais estão se tornando mais conscientes a respeito dos resultados positivos no desenvolvimento associados à educação na primeira infância. A publicidade favorável está resultando em um aumento nas demandas por escolas de educação infantil e no apoio para que haja um número maior delas. Os Estados estão começando a destinar verbas para que os distritos escolares possam incluir escolas de educação infantil para crianças de 3 a 4 anos de idade (Committee on Ways e Means, 2004). Escolas de educação infantil com e sem fins lucrativos estão expandindo seu funcionamento para atender mais crianças. Mais escolas de educação infantil estão se instalando em uma diversidade de ambientes não tradicionais, incluindo hospitais, academias, clubes, cassinos, shoppings e escritórios de grandes corporações. Sérias preocupações com a segurança das crianças estão levando um maior número de pais a matricular os filhos mais velhos em centros de educação infantil antes e depois da escola em vez de deixá-los sozinhos em casa.

Todos os indicadores atuais sugerem que as escolas de educação infantil passarão por crescimento e expansão contínuos (U.S. Department of Labor, 2005). Essa tendência, combinada às aposentadorias e aos professores que optam por deixar a área, criarão novas oportunidades de emprego para professores formados.

Palavra do diretor

Quais desafios motivacionais você enfrenta no momento na escola de educação infantil em que atua?

"Sempre desejo que pudesse pagar mais aos meus professores e encontrar mais tempo."

Candy Seltman, diretora administrativa
Shawnee Mission Medical Center Child Care Center
Shawnee Mission

Parcerias empresariais e contribuições econômicas

Um dos aspectos mais negligenciados da educação infantil tem sido a contribuição econômica que esses estabelecimentos têm trazido para as economias local, estadual e nacional (National Economic Development and Law Center, 2004; Texas Workforce Commission, 2003). Um estudo conduzido pelo Center for the Child Care Workforce (2002) estima que o número anual de cuidadores infantis remunerados (por exemplo, professores, trabalhadores que prestam serviços em domicílio e pessoas com ou sem grau de parentesco) nos Estados Unidos seja de aproximadamente 2,5 milhões. Os salários dos funcionários, a economia dos distritos escolares em decorrência do fato de as crianças estarem matriculadas em escolas de educação infantil, melhores taxas de graduação e índices reduzidos de criminalidade resultaram em economias significativas para os governos local e estadual. Até recentemente, grande parte desses êxitos não eram reconhecidos. No entanto, alguns legisladores estão começando a compreender que investimentos financeiros feitos em escolas de educação infantil podem resultar em lucros e, agora, se valem de evidências para promover mudanças nas normas concernentes à destinação de verbas.

A comunidade empresarial também se beneficia ao investir na qualidade das escolas de educação infantil (Cubed, 2002). Muitas empresas descobriram que oferecer aos funcionários acesso a escolas de educação infantil pode ser uma ferramenta eficaz de recrutamento e retenção. Além disso, perceberam que a produtividade geralmente aumenta, os índices de faltas diminuem e os funcionários ficam menos distraídos pela preocupação com o bem-estar dos filhos (Baughman, DiNardi e Holtz-Eakin, 2003). E, por fim, as organizações compreenderam que, quando fazem parceria com escolas de educação infantil, estão investindo na educação das crianças que constituirão a força de trabalho de amanhã.

Alocação de pessoal

Os gestores motivadores vão continuar a enfrentar tarefas desafiadoras de recrutamento e permanência de professores qualificados. Entretanto, a competição por pessoal qualificado tende a se intensificar conforme o número de escolas de educação infantil aumenta. Com menos estudantes matriculando-se em cursos de formação de professores, funcionários antigos se aposentando e outros professores optando por mudanças de carreira, os gestores vão precisar desenvolver um repertório de estratégias motivacionais criativas.

Obviamente, as mudanças são necessárias se quisermos atender à crescente demanda por professores, por novas escolas de educação infantil e pela prestação de serviços de qualidade. Melhorias salariais e pacotes de benefícios, por exemplo, são essenciais para atrair novos professores e incentivar os funcionários atuais a permanecerem em seus cargos. A contratação de professores de período parcial, que podem estar trabalhando em outro local, frequentando a escola ou que estejam simplesmente interessados em trabalhar menos horas ou em ter um horário mais flexível, oferece outra solução para a abordagem da escassez de profissionais. Embora essa prática esteja tornando-se cada vez mais comum em outras áreas, ela mostrou trazer algumas consequências negativas para crianças pequenas (NICHD, 1999). Quando as escolas de educação infantil contratam professores que vão trabalhar em período parcial a fim de atender às necessidades de contratação de pessoal, os gestores motivadores devem estar dispostos a investir mais tempo e esforço em conhecer seus funcionários para que estes possam se sentir valorizados e para que permaneçam dedicados à escola de educação infantil.

Trabalhar com professores de diferentes gerações também trará desafios aos gestores motivadores. Pode haver a necessidade de modificação dos ambientes de trabalho e das práticas de liderança a fim de atender aos professores que tenham crescido em épocas diferentes e que tenham necessidades motivacionais distintas (Zemke, Raines e Filipczak, 2000). Por exemplo, os **Baby boomers**,[1] nascidos entre 1946 e 1964, atualmente, estão se aproximando da aposentadoria, apesar de muitos pretenderem permanecer em seus empregos. Alguns *Baby boomers* vão continuar a trabalhar por terem filhos na faculdade, estarem cuidando de pais idosos ou terem uma poupança limitada. Em consequência, tendem a ser motivados pelos seguintes fatores:

- Aumentos salariais.
- Benefícios, como planos de saúde e seguro de invalidez.
- Reconhecimento especial, bem como títulos, vagas de estacionamento designadas, premiações e cerimônias.
- Responsabilidades que reconheçam sua experiência, como presidir uma comissão, tutorar novos funcionários ou assumir cargos de liderança.

[1] Geração *Baby boomer* é aquela que compreende pessoas que nasceram nos Estados Unidos entre 1946 e 1964. No entanto, elas podem ser divididas em dois grupos: aqueles que nasceram entre 1946 e 1954 (primeiros *boomers*) e os nascidos entre 1955 e 1964 (*boomers* posteriores ou Geração Jones). (NE)

Adultos nascidos entre 1965 e 1980 pertencem à **Geração X**[2] e são normalmente caracterizados como informais, independentes, questionadores, audazes e bem-educados (Raines, 2003). Diferentemente de seus antecessores, os membros da Geração X foram criados em uma época em que, frequentemente, era necessário que agissem de forma independente em razão do fato de seus pais estarem trabalhando, os computadores ofereceram acesso imediato à informação ilimitada e a MTV proporcionou entretenimento em ritmo acelerado. Como resultado, a Geração X é menos propensa a se sentir motivada por incentivos monetários e, em vez disso, prefere:

- Flexibilidade no trabalho, como: folgas para compromissos pessoais (por exemplo, ir ao dentista e ao médico) ou eventos familiares (por exemplo, apresentações dos filhos, conferências escolares, funerais e casamentos) e empregos de meio período.
- Responsabilidades no trabalho que sejam desafiadoras e significativas, encorajem o trabalho independente e exijam a participação na tomada de decisões.
- Avaliação imediata, específica e **construtiva**, além de elogios imediatos, reconhecimentos espontâneos por seus esforços e incentivos.
- Oportunidades para o crescimento de carreira, incluindo novas atribuições e responsabilidades e a aquisição de novas habilidades por meio da participação em treinamentos, aulas e conferências.
- Ambientes de trabalho e empregos que tenham diversão, como: festas da pizza, recantos do sorvete, lanches durante as reuniões, comemoração de eventos especiais como aniversários e recentes realizações, festas de reconhecimento de equipe e noites de cinema (alugar um filme e servir um lanche).

Os membros da Geração X estão dispostos a trabalhar duro com coisas que acreditam ser significativas, porém, também querer se divertir.

A mais nova geração de trabalhadores, nascidos entre 1981 e 2000, foi classificada como **Geração Y**,[3] ou "Geração do Milênio" (Chester, 2002). Esses trabalhadores geralmente possuem experiência considerável, pois trabalhavam durante meio período enquanto terminavam os estudos. Ao contrário da Geração X, que valoriza sua independência, a Geração Y é mais propensa a se engajar em relações de tutoria, nas quais possa continuar aprendendo e se socializando

[2] Ou Gen X, refere-se à geração nascida após o *baby boomers*, ou seja, pessoas nascidas do início dos anos 1960 até o final dos anos 1970 e início dos anos 1980. (NE)

[3] Geração Y, também conhecida como "geração do milênio" ou "geração da internet", refere-se àqueles nascidos após 1980. (NE)

com outros membros da equipe. Em consequência, os membros dessa geração são motivados pelos seguintes fatores:

- Trabalhos significativos e que ofereçam desafios sem estresse excessivo.
- Oportunidades de aprendizagem, como participar de sessões de treinamento nas quais possam desenvolver novas habilidades, estabelecer parceria com um tutor e matricular-se em cursos.
- Horários que proporcionem alguma flexibilidade e tempo livre.
- Gestores que sejam sinceros e que os trate com respeito, dando crédito por suas realizações e reconhecendo suas contribuições em lugares públicos (por exemplo, informativos, placas, anúncios e vagas de estacionamento designadas).
- Ambientes de trabalho que encorajem e apoiem a inovação.
- Avaliação frequente e construtiva.
- Ocasiões sociais nas quais possam interagir com os colegas.
- Oportunidades de tutorar outros funcionários e de trabalhar em equipe.

Portanto, a diversidade de gerações exigirá que os gestores se dediquem a tratar os funcionários como indivíduos e não como parte de um **grupo homogêneo.**

Ligando os pontos

Pense em seu emprego atual.

- Se seu chefe oferecesse um aumento salarial de *x* por hora, você acharia esse aumento motivador? Explique por quê.
- Como se sentiria se seu chefe oferecesse a seu colega de 50 anos de idade um aumento de *x* por hora e a você uma tarde de folga por mês? Qual opção você preferiria? Explique por quê.
- Se você fosse seu chefe, quais tipos de motivadores acreditaria serem os mais recompensadores?

Diversidade populacional

A população dos Estados Unidos consiste em uma crescente diversidade étnica decorrente das tendências de imigração e do crescimento contínuo entre as minorias (U.S. Department of Labor, 1999). Todavia, a maioria dos professores de educação infantil não reflete essa tendência (Rolfe, 2005). Embora um número maior de crianças com históricos diversificados frequente escolas de educação infantil, mais de 75% dos professores são mulheres brancas de classe média, que falam somente inglês (Saluja, Early e Clifford, 2002).

Os esforços para recrutar e manter professores de educação infantil qualificados e gestores com históricos diversificados devem ser prioritários (Washington, 2005). Os professores que compreendem as barreiras de linguagem e as influências culturais no desenvolvimento das crianças são capazes de criar um currículo efetivo e de transmiti-lo de forma significativa às crianças. Eles servem como exemplo e ajudam a acabar com estereotipagens inaceitáveis.

Infelizmente, supõe-se que o número de professores pertencentes a essas minorias diminua. O aumento nos custos com educação e a redução nos auxílios financeiros apresentam barreiras para muitos estudantes pertencentes às minorias que desejam conquistar um diploma de nível superior (National Center for Education Statistics, 1998). Faculdades e universidades podem atrair mais estudantes com históricos diversificados para cursos de formação de professores de educação infantil por meio de programas de aumento de bolsas de estudo e de apoio nos campus. Além disso, os educadores podem ajudar os estudantes a identificar programas de bolsas de estudos especificamente designados ao aumento da diversidade entre os professores. Eles devem informar aos estudantes sobre programas de ajuste de contas atualmente disponíveis em vários Estados.

Treinamentos de orientação oferecem aos novos professores, especialmente àqueles com históricos diversificados, uma importante oportunidade de fami-

Palavra do diretor

Como você acha que deve ser um moral sadio entre os funcionários da escola de educação infantil em que atua?

"Considero um clima sadio entre os funcionários quando estão engajados com as crianças, suas famílias e colegas, além de se verem como parte essencial da construção do sucesso da escola. Por exemplo, certo dia uma funcionária percebeu que dois senhores idosos entraram em nossa escola e estavam aparentemente perdidos. Ela perguntou se precisavam de ajuda para encontrar a entrada para o consultório médico, os conduziu até lá e contatou a recepcionista para informá-la sobre onde os senhores tinham estacionado o carro para que pudessem localizá-lo ao sair. O moral dessa funcionária é, obviamente, alto e refletiu-se em seu comportamento."

Diane Schultz, diretora
Family Services
BryanLGH Medical Center
Lincoln

liarizarem-se com as políticas, os procedimentos e os colegas da escola de educação infantil. Relações de tutoria com professores experientes podem ajudar a facilitar a transição dos professores recém-contratados e a assegurar seu êxito inicial (Schlank, 2004). Além disso, os gestores devem dedicar tempo para identificar motivadores cultural e racialmente sensíveis e para atender às necessidades individuais dos professores de crescimento pessoal e profissional. Compreender as diferenças nas preferências alimentares, nos estilos de comunicação e nos interesses, por exemplo, é essencial para que os motivadores sejam eficazes na manutenção de um quadro de professores diversificado.

Desenvolvimento profissional

Vivemos em um mundo que está mudando em um ritmo extremamente rápido. Novos progressos e tecnologias surgem diariamente. O desafio da gestão da área infantil é determinar como:

- Ajudar os professores a se manterem atualizados.
- Promover melhorias no conhecimento e na experiência do professor.
- Encorajar a receptividade a novas ideias.
- Facilitar mudanças.
- Auxiliar os professores na integração de novas práticas na sala de aula que otimizem a aprendizagem das crianças.

A preparação educacional desempenha papel importante e direto na abordagem de muitas dessas questões (Hyson, 2001). Lembre-se do mais alto nível das necessidades, a autorrealização, que foi discutido no Capítulo 2. Maslow acreditava que os indivíduos têm uma necessidade de autorrealização que é satisfeita por meio da realização de seus potenciais. Gestores motivadores podem criar ambientes solidários nos quais os indivíduos tenham oportunidades de frequentar cursos e conferências profissionais, ter acesso a materiais de leitura relevantes e assumir novas funções e responsabilidades. Essas experiências podem levar à aquisição de novas habilidades, conhecimentos aperfeiçoados e uma maior eficácia, bem como uma sensação pessoal de dever cumprido e autorrealização. As crianças, por sua vez, também se beneficiam por terem professores que continuam a crescer profissionalmente.

Muitos Estados desenvolveram modelos de desenvolvimento profissional da área infantil, ou de planos de carreira, com base em vários níveis de escolaridade. Estabelecer as qualificações dos professores é um passo essencial na direção certa. Esse aspecto não vai acarretar apenas melhorias na qualidade das experiências educacionais das crianças, mas, ainda, proporcionar credibilidade às iniciativas que têm como objetivo melhores salários e reconhecimento profissional (Ackerman, 2005; NAEYC, 1998). Esforços para estabelecer normas mais consistentes também vão ajudar a definir o campo da educação infantil para legisladores e defensores públicos.

Ademais, os gestores devem compreender e aceitar o conceito de aprendizagem ao longo da vida (Cross, 1992). Esse aspecto acentua sua capacidade de ajudar os professores a atingir metas por meio da implementação de políticas e práticas de apoio, como: conceder um tempo livre, estabelecer horários de trabalho flexíveis, fornecer salários, participar de programas de bolsa de estudos e relacionar os aumentos salariais com a educação e a experiência.

Os gestores motivadores devem fazer com que o desenvolvimento profissional seja prioridade nas escolas de educação infantil. Além disso, eles devem compreender que o que é bom para um deles pode não ser para os outros e que as necessidades dos professores são diferentes em cada estágio de suas carreiras (Vartuli e Fyfe, 1993). Experiências de aprendizagem significativas desenvolvem as habilidades existentes e aprimoram as competências de um professor. Por exemplo, um professor novato pode ter interesse em desenvolver novas habilidades de gestão de comportamento, enquanto um professor com 15 anos de experiência em sala de aula pode estar interessado em aprender como usar computadores para estimular as descobertas das crianças. Conforme mais opções e novos modos de ensino, incluindo cursos de formação *on-line*, tornam-se disponíveis, os gestores poderão moldar as oportunidades de desenvolvimento profissional de acordo com as necessidades individuais dos professores (Robert, 2000).

Em suma, o desenvolvimento profissional é um ingrediente necessário para o recrutamento e a permanência de professores altamente qualificados e para o avanço do campo da educação infantil. Para ser eficaz, ele deve ser adequado ao desenvolvimento, refletir as necessidades e os interesses dos professores, apoiar as metas e a missão educacionais de uma escola de educação infantil e ser receptivo às necessidades dos indivíduos para que possam atingir os potenciais pessoal e profissional.

O poder da motivação

Muitas mudanças positivas estão ocorrendo no campo da educação infantil. O número de oportunidades de emprego continua a crescer, o apoio e a conscientização do público para com a educação infantil estão ganhando cada vez mais atenção, iniciativas para aperfeiçoar a preparação e os salários dos professores estão em suas etapas iniciais e medidas para melhorar a qualidade das escolas de educação infantil estão gradativamente tornando-se populares.

Muitos profissionais da área infantil concordariam que esse é apenas o começo e que ainda há muito a ser feito. Problemas fiscais e a competição de entidades públicas e privadas continuarão propondo desafios às escolas de educação infantil existentes. Estratégias para aprimorar a preparação educacional, os salários, os benefícios e as condições de trabalho dos professores vão necessitar de novas parcerias com a comunidade empresarial e com os governos local e estadual (Whitebrook e Eichberg, 2002). As famílias vão esperar que as escolas de educação infantil modifiquem os serviços prestados a fim de atender a suas necessidades que estão sempre em mudança. Esforços para atrair e manter professores com históricos diversificados exigirá a dedicação de atenção. Os fatores que hoje motivam os professores a trabalharem em escolas de educação infantil podem não ser os mesmos nos anos que estão por vir.

Contudo, essas questões não devem ser consideradas problemas sem solução. Pelo contrário, oferecem oportunidades recompensadoras para educar a comunidade de gestores e legisladores. Propiciam ocasiões singulares para a defesa das crianças, famílias e professores, além de oferecerem uma chance de participar em mudanças que tendem a modificar o campo como hoje é conhecido. Apesar de o progresso ser longo em alguns momentos e novas iniciativas não serem inicialmente sancionadas, cada experiência acaba contribuindo para uma solução melhor. Durante as tentativas e atribulações, os gestores que acreditam no estilo de liderança motivacional e o colocam em prática vão servir de inspiração para os outros. Serão eficazes no recrutamento e na permanência de professores de qualidade e vão ajudar na conquista de mais reconhecimento e comprometimento com a educação infantil. Serão capazes de promover o crescimento pessoal e profissional dos professores e de incentivar os educadores infantis que fazem a diferença na vida das crianças pequenas.

Resumo

- A crescente demanda por escolas de educação infantil deve-se a fatores como: um número maior de pais no mercado de trabalho, maior reconhecimento do valor da educação infantil, benefícios à comunidade empresarial e preocupação com a segurança das crianças.
- Escolas de educação infantil trazem contribuições significativas às economias local, estadual e nacional; os distritos escolares economizam com intervenções e programas corretivos; e empresas vivenciam melhores índices de permanência e produtividade.

- Os esforços para recrutar e manter professores qualificados normalmente são dificultados por baixos salários e condições de trabalho desafiadoras.
- Funcionários nascidos em diferentes épocas são motivados por estímulos diversos.
- Os *Baby boomers* preferem recompensas extrínsecas, como aumentos salariais, títulos e cerimônias.
- Os membros da Geração X preferem independência, flexibilidade e oportunidades de crescimento profissional.
- Os membros da Geração Y desejam um trabalho significativo, de avaliação e oportunidades de desenvolver novas habilidades.
- Número maior de professores com históricos diversificados devem ser contratados para melhor atender às necessidades das crianças.
- Novas tendências farão a necessidade de oportunidades de desenvolvimento profissional aumentar.
- Os gestores motivacionais vão continuar a desempenhar papel-chave em elevar o ânimo dos funcionários e garantir o sucesso da escola de educação infantil.

Atividades para aplicação

1. Elabore uma lista de tópicos de desenvolvimento profissional que poderiam ser aplicados em programas de capacitação em serviço e registre suas sugestões na Folha de Exercícios para Aplicação 6-1. Identifique se cada tópico é mais adequado para professores novatos (N) ou experientes (E).
2. Desenvolva uma ferramenta que poderia ser empregada na avaliação da eficácia de treinamentos de desenvolvimento profissional. Aborde questões como: aprendizagem da audiência, interesse dos participantes, adequação e utilidade das informações. Utilize a Folha de Exercícios para Aplicação 6-2 para desenvolver seu plano.
3. Utilize a Folha de Exercícios para Aplicação 6-3 para fazer o rascunho de um comunicado pedindo o apoio da comunidade ao aumento dos salários dos professores de educação infantil. Para você, que pontos devem ser incluídos?

Pontos de discussão

1. Discuta sobre de que forma a escola de educação infantil em que atua pode mudar para atender um número maior de crianças.
2. O que são Geração X e Geração Y? Quais necessidades motivacionais você espera serem compartilhadas por elas? Como suas necessidades motivacionais diferem?
3. Por que é importante que as escolas de educação infantil recrutem e contratem professores com históricos diversificados?
4. Quais você acredita serem os futuros desafios para as escolas de educação infantil e para a liderança?

Folha de Exercícios para Aplicação 6-1

Prepare uma lista de tópicos úteis e apropriados para treinamentos de desenvolvimento profissional. Identifique se cada tópico é mais adequado para professores novatos (N) ou experientes (E).

O que você faria se seu pessoal acreditasse já saber o bastante sobre determinado tópico, mas você achasse que os funcionários poderiam se beneficiar com informações adicionais? Como você resolveria essa situação? Como você asseguraria que aprenderiam algo novo com a participação?

Folha de Exercícios para Aplicação 6-2

Quais critérios de apreciação sua ferramenta de avaliação de desenvolvimento profissional inclui?

Como a devolutiva de avaliação deve ser aplicado para melhorar a qualidade do futuro treinamento?

Formas de avaliação de desenvolvimento profissional geralmente incluem declarações sobre a sala (por exemplo, temperatura, ruído, conforto), a comida e a localização. Você acredita ser importante a avaliação desses itens? Explique.

Folha de Exercícios para Aplicação 6-3

A abordagem de quais pontos-chave é importante para o comunicado à imprensa?

Como seria o texto do seu comunicado?

Como você pode determinar se sua declaração foi eficaz?

Como diferentes tipos de mídia (por exemplo, televisão, rádio, panfletos, marquises, quadros de avisos) influenciariam a natureza do seu comunicado? Escolha dois tipos de mídia diferentes e refaça sua declaração de forma que se torne adequada para cada um deles.

Referências

ACKERMAN, D. Getting teachers from here to there: Examining issues related to an early care and education teacher policy. *Early Childhood Research & Practice*, n. 7, v. 1, 2005. Acesso em: 10 dez. 2005. Disponível em: http://ecrp.uiuc.edu.

ADMINISTRATION FOR CHILDREN AND FAMILIES. *The national study of child care for low--income families*. U.S. Department of Health and Human Services, Administration for Children and Families, 2000. Acesso em: 10 dez. 2005. Disponível em: http://www.acf.dhhs.gov/programs/ccb/research/ccprc/lowincom/index.htm.

BAUGHMAN, R.; DINARDI, D. e HOLTZ-EAKIN, D. Productivity and wage effects of "family-friendly" fringe benefits. *International Journal of Manpower*, n. 24, v. 3, p. 247-259, 2003.

CENTER FOR THE CHILD CARE WORKFORCE. *Estimating the size and components of the U. S. child care workforce and caregiving population: key findings from the child care workforce estimate*. Washington: Author, 2002.

CHESTER, E. *Employing generation why*? Golden: Chess Press, 2002.

COMMITTEE ON WAYS & MEANS. *Green Book*; *Section 9, Child Care*. Washington: U.S. House of Representatives, 2004. Acesso em: 20 ago. 2005. Disponível em: http://waysandmeans.house.gov/ Documents.asp?section=813.

CROSS, P. *Adults as learners: increasing participation and facilitating learning*. São Francisco: Jossey-Bass, 1992.

CUBED, M. *The national economic impacts of the child care sector*. Washington: National Child Care Association, 2002. Acesso em: 8 ago. 2005. Disponível em: www.nccanet.org/NCCA%20Impact%20Study.pdf.

HYSON, M. Better futures for young children, better preparation for their teachers: challenges emerging from recent national reports. *Young Children*, n. 56, v. 1, p. 60-62, 2001.

NATIONAL ASSOCIATION FOR THE EDUCATION OF YOUNG CHILDREN. *A conceptual framework for early childhood professional development*, 1998. Acesso em: 3 set. 2005. Disponível em: http://www.naeyc.org/about/ positions/PSCONF98.asp.

NATIONAL CENTER FOR EDUCATION STATISTICS. *Digest of educational statistics*. Washington: Author, 1998.

NATIONAL ECONOMIC DEVELOPMENT AND LAW CENTER (NEDLC). *The economic impact of the child care and early education industry in Massachusetts*. Oakland: Author, 2004.

NICHD EARLY CHILD CARE RESEARCH NETWORK. Child outcomes when child care center classes meet recommended standards for quality. *American Journal of Public Health*, n. 89, p. 1072-1977, 1999.

RAINES, C. Connecting generations: *the sourcebook for a new workplace*. Mississauga: Crisp Learning, 2003.

ROBERT, C. Distant places, diverse spaces: early childhood professional development in isolated locations. *Contemporary Issues in Early Childhood*, n. 1, v. 3, p. 277-286, 2000.

ROLFE, H. Building a stable workforce: recruitment and retention in the child care and early years sector. *Children & Society*, n. 19, v. 1, p. 54-65, 2005.

SALUJA, G., EARLY, D. e CLIFFORD, R. Demographic characteristics of early childhood teachers and structural elements of early care and education in the United States. *Early Childhood Research & Practice*, n. 4, v. 1, p. 1-18, 2002.

SCHLANK, C. Teachers on teaching: to teach until we die. *Young Children*, n. 59, v. 2, p. 67-70, 2004.

TEXAS WORKFORCE COMMISSION. *The economic impact of the child care industry in Texas*. Austin: Author, 2003. Acesso em: 28 ago. 2005. Disponível em: http://www.texasworkforce.org.

TOOSSI, M. Labor force projections to 2012: the graying of the U.S. workforce, *Monthly Labor Review*, n. 127, v. 2, p. 37-57, 2004.

U.S. DEPARTMENT OF LABOR. *Futurework – trends and challenges for work in the 21st century*. Washington: Author, 1999. Acesso em: 28 ago. 2005. Disponível em: http://www.dol.gov/asp/programs/history/ herman/reports/futurework/execsum.htm.

______. *Occupational outlook handbook, 2004-05 edition, childcare workers*. Washington: U.S. Department of Labor, Bureau of Labor Statistics, 2005. Acesso em: 20 set. 2005. Disponível em: http://www.bls.gov/oco/cg/cgs032.htm.

VARTULI, S. e FYFE, B. Teachers need developmentally appropriate practices too. *Young Children*, n. 48, v. 4, p. 36-42, 1993.

WASHINGTON, V. Sharing leadership: a case study of diversity in our profession. *Young Children*, n. 60, v. 1, p. 23-31, 2005.

WHITEBROOK, M. e EICHBERG, A. Finding the better way: defining and assessing public policies to improve the child care workforce. *Young Children*, n. 57, v. 3, p. 66-72, 2002.

ZEMKE, R.; RAINES, C. e FILIPCZAK, B. *Generations at work: managing the clash of veterans, boomers, Xers, and nexters in your workplace*. Nova York: American Management Association Publications, 2000.

Recursos da web

BusinessTown: www.businesstown.com/
The Future of Children: www.futureofchildren.org
National Child Care Information Center: www.nccic.org
NAEYC Accreditation Project: www.naeyc.org

Em português:

Ação criança: http:/acaocriança.org.br.
Fundação Abring: fundabring.woonh.mobi; www.fundabring.org.br.
Unicef Brasil: www.unicef.org/brazil/pt/overview.html.

Apêndices

Apêndice A
Kits de sobrevivência

Kit de sobrevivência do professor

Reproduza as mensagens a seguir em papéis de carta temáticos e lúdicos e afixe--as em sacolas grandes e transparentes que contenham os itens da lista. Em cada bolsa, escreva: "Esta bolsa com doces é para ajudá-lo a lembrar das várias maneiras como você faz a diferença nas vidas das crianças e do quão importante você é para nossa equipe!".

CHOCOLATE – para estimular.
ADESIVO *SMILE* – para lembrar que uma atitude positiva faz diferença!
PACOTE DE SEMENTES DE FLORES – para representar o ensino. Você planta as sementes para a aprendizagem e o desenvolvimento social todos os dias. As crianças, assim como as sementes, necessitam de cuidado e carinho para crescer e desabrochar.
ELÁSTICO – para lembrá-lo até que ponto você pode chegar e da necessidade de ser flexível com os outros.
MOEDA DE 25 CENTAVOS – para lembrá-lo que não há problema em pedir ajuda.
BOMBONS – para ajudar a manter o senso de humor.
MOEDA DE 1 CENTAVO – por seus pensamentos. Eles são importantes!
BALÃO – para quando sentir que está desanimando.
PALITO DE DENTE – para lembrá-lo de escolher o bem nos outros e em si mesmo.
PACOTINHO DE AÇÚCAR – para lembrar de ser gentil.
BORRACHA – para quando comete erros. Lembre-se de que todos nós cometemos erros e o que importa é que aprendamos com eles.
BALAS – para quando precisar de uma carga extra de energia.
CANETA MARCATEXTO – para lembrar de se concentrar nas alegrias e nos realces de cada dia.

FICHA DE RECEITAS – para anotar os principais ingredientes para que o trabalho em equipe seja bem-sucedido – seus pensamentos e ideias – e que, então, compartilhe-os conosco.

PEÇA DE QUEBRA-CABEÇA – sem você, nossa equipe não estará completa!

Kit de sobrevivência dos colaboradores de equipe

Imprima as mensagens a seguir e afixe-as em sacolas transparentes que contenham os itens da lista.

DOCE DE AMÊNDOAS E MEL – para lembrá-lo de não dizer palavras ofensivas aos outros. Divida um!

BALAS – para lembrá-lo de que suas ações podem salvar a vida de uma criança, de um pai ou de um membro da equipe.

PALITO DE DENTES – para lembrá-lo de ressaltar o melhor nos outros.

BARRA DE CHOCOLATE – para lembrá-lo de que, para nós, você não é nota 100, você é nota 1.000!

BORRACHA – para lembrá-lo de que todos cometemos erros e de que precisamos apagá-los com um pedido de desculpas.

GIZ DE CERA – para lembrá-lo de que todas as cores são necessárias para se fazer um arco-íris. As habilidades e os talentos de cada indivíduo constroem uma equipe mais forte.

BARRA DE CHOCOLATE – para as parcelas de sabedoria que tem de transmitir aos outros.

CHICLETE – para quando você sentir vontade de "remoer" sobre alguém, mas souber que isso seria melhor.

ELÁSTICO – para lembrá-lo de que todos nós precisamos nos unir como uma equipe para alcançar o sucesso.

SACOLA PLÁSTICA – um bom exemplo vai manter essas ideias unidas, assim como essa sacola mantém esses itens juntos.

Torne-se um jogador da equipe e faça a diferença!

Kit de sobrevivência para o bem-estar

Imprima este poema e afixe-o em uma caneca que contenha os itens sugeridos.

Chegou aquela época do ano,
Com aqueles bichinhos irritantes!
É preciso se cuidar bem
Para mantermos os abraços constantes!

Narizinhos escorrendo,
Gripes, tosses e fungadas.
Lave as mãos para espantar esses germes,
Ou você pode entrar numa cilada!

Vitamina C, chá quentinho,
Vá relaxar e descansar!
Tomar uma sopa, ler um livro...
Pois queremos que volte a se animar!

Sugestão de itens a serem incluídos na caneca

- Saquinhos de chá.
- Pastilhas de vitamina C.
- Pastilhas para tosse.
- Lencinhos de papel.
- Pacotes de sopas instantâneas
- Chocolate e suco de maçã em pó.
- Gel higienizador para as mãos.

Kit de sobrevivência de eliminadores de estresse

Imprima os conselhos em um cartão e afixe-o em uma embalagem de presentes divertida que contenha os itens sugeridos.

Sente-se estressado? A melhor cura para o estresse é dar risadas, brincar e ter momentos de relaxamento. Os adultos devem se lembrar de reservar um "tempo livre" de estresse e de criar momentos de prazer. Faça que este dia seja maravilhoso!

Sugestão de itens a serem incluídos no saco de presentes

- Chocolates.
- Bolas de sabão (para assoprar).
- Massinhas para modelar.
- Bolas antiestresse.
- Brinquedos aquáticos.
- Jogos de palavras/revistinhas de palavras cruzadas.
- Livros de humor sobre o trabalho com crianças.
- Loções.
- Espumas para banho.
- Velas aromáticas.
- CDs de música relaxante.

Observação: você pode encontrar CDs baratos em lojas de usados, brinquedos em atacado oferecidos por empresas fornecedoras de produtos para festas e produtos de banho em lojas de 1,99. Procure por liquidações para obter outros itens relaxantes.

Kit de sobrevivência do novo professor

Um kit de sobrevivência para o novo professor pode ser uma combinação dos kits anteriores com os seguintes itens sugeridos. Para fazer com que este kit seja mais festivo, coloque os itens em uma cesta, que pode ser bastante barata se adquirida em lojas de artesanato e liquidações e decore-a com um laço.

- Manual do funcionário.
- Manual dos pais.
- Lista de orientação.
- Agenda de treinamento.
- Tabela de organização.
- Lista dos funcionários com as salas de aula ou áreas de atuação atribuídas e horários de trabalho.
- Declaração da missão, filosofia e metas da escola.
- Folhetos que apresente tópicos de desenvolvimento da criança, como prática adequada ao desenvolvimento, orientação e maneiras positivas de falar com as crianças e com os pais.
- Loção para as mãos.
- Um item de arrecadação de fundos que tenha restado, como uma camiseta ou um livro de receitas da escola de educação infantil.

Apêndice B

Ferramentas para a avaliação motivacional

Levantamento dos pontos fortes e das preferências no trabalho

Minhas preferências relacionadas ao estilo de trabalho são (marque todas as alternativas que se aplicam):

- ☐ Eu prefiro uma frequente orientação/direção interventiva por parte do meu supervisor.
- ☐ Eu prefiro trabalhar de forma independente ou um a um com avaliação sobre os resultados finais.
- ☐ Eu prefiro trabalhar em uma equipe com participação e avaliação dos demais ao longo do processo.
- ☐ Eu prefiro trabalhar com ideias e dados.
- ☐ Eu prefiro trabalhar a maior parte do tempo com pessoas.
- ☐ Eu prefiro um ambiente de trabalho estruturado.
- ☐ Eu prefiro um ambiente que esteja sempre em mudança, que seja flexível e tenha diversidade.
- ☐ Eu prefiro assumir riscos.
- ☐ Eu prefiro agir com cautela.
- ☐ Sou uma pessoa aberta a modificações (positivas ou negativas).
- ☐ Mudanças não são fáceis para mim.
- ☐ Eu estou disposto a assumir mais responsabilidades.
- ☐ Eu estou disposto a liderar os outros e a assumir o comando de projetos e comissões.

Por gentileza, relacione quaisquer habilidades ou talentos com os quais você esteja disposto a contribuir (exemplos: música, habilidades artísticas, *hobbies* etc.):

____

Tenho interesse em participar na escola de educação infantil das seguintes maneiras (marque todas que se aplicam):

- ☐ Tutorar um novo funcionário.
- ☐ Ministrar um *workshop* durante o horário de almoço. Tópico: ____________
- ☐ Participar de uma comissão da escola de educação infantil: ____________
- ☐ Ser um professor que represente a Comissão de Aconselhamento aos Pais.
- ☐ Organizar um evento de reconhecimento ou de construção de equipe.
- ☐ Outros: ____________________________

Levantamento de preferência por reconhecimento dos funcionários

Cada um de nós prefere ser reconhecido de maneiras diversas. Por gentileza, nos informe como você gostaria de ser reconhecido e que atitudes está disposto a tomar para ajudar tornar o ambiente de trabalho mais solidário.

Classifique os seguintes itens em ordem de preferência e deixe em branco os que não são de seu interesse.

- ☐ Elogio em público (informativo da escola de educação infantil, reunião de equipe, quadro de avisos etc.).
- ☐ Elogio verbal dado pessoalmente.
- ☐ Bilhete de agradecimento do diretor.
- ☐ Bilhete de agradecimento dos colegas.
- ☐ Carta de reconhecimento para o arquivo dos funcionários com cópia para o coordenador.
- ☐ Uma lembrança personalizada (exemplo: caneca de café, certificado, broche).
- ☐ Alimentos – sugestões: ________________________
- ☐ Oportunidade para participar de treinamentos de sua escolha.
- ☐ Oportunidade para participar de comissões e projetos especiais.
- ☐ Almoçar com o coordenador.
- ☐ Nomeação a premiações da unidade pela excelência do serviço prestado (exemplos: processos de melhoria, serviço de atendimento ao cliente, segurança, frequência, ideias para a redução de custos).
- ☐ Outros (descreva) ________________________

Marque as opções que se aplicam.

- ☐ Estou disposto a participar de um programa de reconhecimento entre colegas que me ajude a reconhecer os esforços daqueles que trabalham comigo.
- ☐ Estou disposto a servir em uma comissão para o desenvolvimento e a manutenção do reconhecimento em nosso local de trabalho.

Sugestões de outras maneiras de demonstrar reconhecimento para todo o pessoal:

____

____

____

Caça ao tesouro humano

Preencha cada campo com o nome de um colega que se encaixe na descrição. Cada pessoa deve apresentar apenas uma descrição.

______________ trabalha na escola de educação infantil há mais de 10 anos.
______________ trabalha na escola de educação infantil há menos de 1 ano.
______________ percorre mais de 50 quilômetros dirigindo até o trabalho (apenas na ida ou na volta)
______________ mora a 1,5 quilômetro da escola de educação infantil.
______________ tem mais de três netos.
______________ nasceu em outro país.
______________ morou em um estado litorâneo.
______________ já esteve no Pão de Açúcar.
______________ se formou em uma faculdade que está entre as 5 melhores do país.
______________ está na área da educação infantil há mais de 25 anos.
______________ participa de um time esportivo recreativo.
______________ coleciona recortes como um *hobby*.
______________ canta em um coral.
______________ já atuou como palestrante.
______________ tem um filho na faculdade.
______________ já dirigiu pela Ponte Rio–Niteroi.
______________ foi criado em uma fazenda.
______________ toca um instrumento musical.
______________ é um leitor voraz.

Para conhecer melhor

Por gentileza, preencha o formulário a seguir, que será mantido em um caderno a ser disponibilizado na sala de professores e que poderá ser usado como referência para atividades de construção de equipe ou eventos especiais.

Nome:
Data de nascimento:
Aniversário:
Local de nascimento:
Membros da família:
Animais de estimação:
Pratos/petiscos/sobremesas favoritos:
Hobbies:
Itens que coleciono:
Anos de atuação na educação infantil:
Formação:
Sonho ao me aposentar:

O que me traz felicidade:

Tenho a sensação de dever cumprido quando:

Amigo de aniversário

Por favor, preencha o formulário a seguir e devolva-o a (insira o nome do coordenador do amigo de aniversário). Cada pessoa que escolher participar vai ser designada a um Amigo de Aniversário. No aniversário do seu amigo, surpreenda-o com sua bebida ou seu petisco favorito, ou com uma lembrancinha. Você vai receber o mesmo em troca no seu aniversário. Isso somente vai dar certo se ninguém desistir, então, anote em seus calendários! Por favor, devolva este formulário até (insira a data).

Seu nome ______________________________
Seu aniversário __________________________
Seu doce favorito ____
Sua bebida favorita ______________________________________
Seu *hobby* favorito ______________________________________

Algo que você goste de colecionar ______________________________

____

Sugestões ____

____

(Observação ao leitor: Você pode definir uma faixa de preço para os presentes.)

Amigo-secreto

Por gentileza, preencha o formulário abaixo e devolva-o a (insira o nome do coordenador do amigo-secreto). Quanto mais específico você for ao fornecer as informações a seguir, mais você ajudará seu amigo-secreto a comprar algo que lhe agrade. Depois de todos os nomes terem sido coletados, você vai retirar um nome do saco e o manterá em *segredo* até o último dia, quando os amigos-secretos forem revelados.

A cada dia (de segunda a quinta-feira), você vai dar um presentinho amável como um bilhete de encorajamento, um doce, um refrigerante, um enfeite ou uma pequena bijuteria. Estes presentes vão ser dados anonimamente. O presente da sexta-feira vai ser um pouco maior. Você vai colocar seu nome nele para que a pessoa saiba a identidade do seu amigo-secreto!

Por favor, utilize as informações a seguir e seja cauteloso na escolha dos presentes. Dê coisas que você gostaria de receber e que o faria contente. Se achar que não conhece bem a pessoa, é sempre uma boa ideia questionar um colega discretamente. Divirta-se!

Devolva este formulário até: (insira a data)
Semana do amigo-secreto: (insira as datas)

____

Seu nome ________________________________
Seu aniversário ____________________________
Seu doce favorito ____
Sua bebida favorita ____
Seu *hobby* favorito ____
Algo que você goste de colecionar ______________________________

____

Sugestões ____

____

(Observação: Você pode definir uma faixa de preço para os presentes.)

Apêndice C

Pontos de diálogo para uma avaliação eficaz

Fornecer avaliação aos funcionários é um elemento essencial da gestão. Os pontos de diálogo a seguir, ou declarações, podem ser empregados como guia para discussões de avaliação.

Seja direto e vá ao ponto.

Pedi que viesse aqui para discutir...
Preciso falar com você sobre...

Informe o propósito da reunião.

Estou preocupado com...
Ocorreu um problema no(a)...
Tornou-se de meu conhecimento...
Quero compartilhar minhas recentes observações feitas em sala de aula com você.

Descreva o que você sabe.

Eu vi...
Quando fui informado sobre..., eu averiguei que...

Descreva como se sente em relação ao que sabe.

Estou preocupado com...
Estou confuso com...
Fiquei impressionado em ver que...

Descreva o impacto do problema.

Se isso continuar, então...
Se eu presenciasse a situação como um pai, me pareceria...

Encoraje a outra parte a relatar a sua versão da história.

É isso o que eu sei sobre a situação. Por favor, fale-me sobre sua visão.
Ajude-me a entender...
É dessa forma que você enxergou a situação?

Faça perguntas a fim de compreender a situação da perspectiva do interlocutor.

Como você obteve essa informação?
E então, o que aconteceu?

Fale (com as próprias palavras) o que a outra pessoa disse para garantir que compreendeu.

Se entendi corretamente, você...
Então, de sua perspectiva, você...

Determine os próximos passos: quais ações específicas devem ser feitas, quando e por quem.

Diga quais passos você acredita que ajudariam a melhorar a situação. O que faria de maneira diferente da próxima vez?
Eu acredito que você vai precisar...
Semana que vem, você vai...

Resuma a discussão.

Recapitulando.
Nossa meta para avançar será...
Você concordou em... e eu irei...

Expresse seu reconhecimento pelos esforços da outra pessoa.

Obrigado por ouvir meu problema com "mente aberta".
Eu agradeço sua disposição para...
Agradeço seus esforços para abordar essa situação.

Faça um acompanhamento.

Voltarei a contatá-lo.
Vamos nos reunir novamente no(a)...

Glossário

A

Ambiente – totalidade do que cerca um indivíduo.
Ambientais – termo empregado por Herzberg para descrever as condições de trabalho.
Atributos – características ou qualidades pessoais.
Autocrático – estilo de liderança na qual os líderes mantêm pleno controle sobre todas as decisões e limitam ou restringem o insumo dos funcionários.
Autorrealização – satisfação de um indivíduo que provém do emprego de habilidades pessoais e talentos.
Avaliação – resposta avaliatória. Informação concernente ao desempenho de um indivíduo.

B

Baby boomers – pessoas nascidas entre 1946 e 1964.

C

Capacitação – delegação de poder e/ou confiança; equipar ou incentivar a capacidade. Habilitar.
Clima – estado emocional de um grupo ou indivíduo; grau de ânimo ou comprometimento.
Colaborativo – trabalhar de forma conjunta, especialmente em uma colaboração de esforço intelectual.
Companheirismo – relacionamento embasado no respeito e no compartilhamento de objetivos estabelecido entre colegas de trabalho.
Comprometido – moralmente ou psicologicamente devotado a uma finalidade.
Construtivo – útil. Inclui sugestões para melhorias.
Consultivo – estilo de liderança no qual os líderes escutam as sugestões dos funcionários antes de tomarem decisões.
Credibilidade – qualidade, capacidade ou poder de induzir à crença.
Curso de capacitação – atividade que ocorre ou prossegue enquanto um indivíduo trabalha em tempo integral.

D

Definitivo – final ou conclusivo.
Demográfico – descrição estatística de diversas características de populações humanas, tais como: o número de pais de família empregados ou o número de filhos por família.
Desligamento – perda de funcionários em decorrência da escolha intencional, morte ou aposentadoria.

E

Esgotamento nervoso – reação física ou emocional ao estresse prolongado. Frequentemente resulta em falta de interesse e de comprometimento.
Estresse – senso de frustração, tensão ou ansiedade que pode se desenvolver quando o que ocorre difere da expectativa da pessoa.

G

Geração X – pessoas nascidas entre 1965 e 1980.
Geração Y – pessoas nascidas entre 1981 e 2000.
Grupo homogêneo – semelhante ou igual.

I

Incentivos – coisas que servem para induzir ou motivar.

L

***Laissez-faire* ou liberal** – forma de liderança na qual os líderes fornecem pouca ou nenhuma orientação aos funcionários.

M

Missão – vocação interior para exercer uma atividade ou realizar um serviço.
Motivação – necessidade percebida que molda a finalidade e a direção do comportamento de uma pessoa.
Motivadores extrínsecos – recompensas tangíveis consideradas satisfatórias, tais como: um aumento salarial, vaga de estacionamento designada, um presente de aniversário ou ingressos para o cinema.
Motivadores intrínsecos – recompensas que levam a um sentimento interno de satisfação, tais como: receber uma promoção de cargo ou um elogio ou ainda ser eleito funcionário do mês.

N

Necessidades fisiológicas – funções básicas que devem ser satisfeitas para a sobrevivência.

P

Participativo – estilo de liderança no qual os líderes encorajam e respeitam a participação dos funcionários nas atividades de tomada de decisão.
Permanência – manter ou reter funcionários.
Produtividade – capacidade de compreender uma tarefa, realizá-la e angariar recursos de maneira eficiente e conveniente.
Punitivo – penoso ou negativo.

R

Regressão – recuo ou retrocesso.
Resolução de conflitos – processo em que uma disputa ou discordância é resolvida.
Responsável – responsável por responder.
Retiro – lugar que oferece paz, tranquilidade, privacidade ou segurança.

S

Subjetiva (reação) – relacionado a uma crença, tendência ou interpretação não embasada em fatos.

T

Taxa de rotatividade – número de funcionários que deixam seus cargos em determinado programa ou organização a cada ano.
TEACH® – Teacher Education and Compensation Helps (programa de auxílio-educação e remuneração para os professores) teve início em 1990 e está atualmente disponível em vários Estados. Por meio dele, professores da primeira infância podem concorrer a bolsas de estudo para aprimorar sua formação e conquistar um diploma.
Traços – características singulares de um indivíduo.
Transacional – estilo de liderança caracterizado pelos resultados ou realizações decorrentes dos esforços do líder; orientação sobre o produto.
Transformacional – estilo de liderança que reflete o interesse do líder com relação aos processos envolvidos na obtenção de resultados; orientação sobre o processo.

Treinamento cruzado – instrução em diferentes tarefas ou competências.
Tutoria – atender como conselheiro de confiança ou professor.

V

Valores – valor do proveito ou importância para o portador, utilidade ou mérito.

W

WAGE$® – programa designado a melhorar as taxas de retenção oferecendo compensação de salário adicional aos professores, trabalhadores que prestam serviços domiciliares e administradores com base em seus níveis de escolaridade.

Este livro foi impresso na
LIS GRÁFICA E EDITORA LTDA.
Rua Felício Antônio Alves, 370 – Bonsucesso
CEP 07175-450 – Guarulhos – SP
Fone: (11) 3382-0777 – Fax: (11) 3382-0778
lisgrafica@lisgrafica.com.br – www.lisgrafica.com.br

CARBON FREE

A Cengage Learning Edições aderiu ao Programa Carbon Free, que, pela utilização de metodologias aprovadas pela ONU e ferramentas de Análise de Ciclo de Vida, calculou as emissões de gases de efeito estufa referentes à produção desta obra (expressas em CO_2 equivalente). Com base no resultado, será realizado um plantio de árvores, que visa compensar essas emissões e minimizar o impacto ambiental da atuação da empresa no meio ambiente.